LE
LIBÉRATEUR DE L'IRLANDE

A LA MÊME LIBRAIRIE

OUVRAGES DU MÊME AUTEUR :

ADHÉMAR DE BELCASTEL. in-12. fig. . . . 1 »
INGRATITUDE ET RECONNAISSANCE. in-18. » 60
ÉLISE MÉRICOURT. in-18 . . . . » 30
CYPRIEN, ou les Deux Influences. in-18. . » 30
FLEURS DE PÉNITENCE. in-18. . . . » 30
ÉPREUVES de la fortune et de l'adversité. in-18. » 60
MISÉRICORDE ET PROVIDENCE. in-18. . » 60
L'ANNÉE CONSOLANTE. in-18. . . . » 60
AIMÉE, ou l'Ange d'une famille. in-18. . » 60
PRATIQUE des vertus chrétiennes. in-18 . » 30
NOUVEAUX ESSAIS PRATIQUES. in-18. . » 30
VIE DE Mgr DE CHEVERUS. in-18. . . » 30
GEORGES, ou le Bon Emploi des richesses. in-18. » 60
BRUNO. in-8º. 1 50
LES DEUX FRÈRES, ou la Réconciliation. . » 60
SABINE ET AURÉLIE. in-18. . . . » 60
LUCIEN DE BELLEROCHE. in-18. . . » 60
L'OUVROIR. in-18. . . . . » 60
L'ORPHELINE ET LA VEUVE. in-18. . » 60
VIE DU GÉNÉRAL DROUOT. in-18. . » 30
VIE DE M. DE CHATEAUBRIAND. in-18. » 30
VIE DE Ste JEANNE DE CHANTAL. in-18. » 60
PÉDRO. in-12. . . . . . » 75

En envoyant le prix en un mandat de la poste ou en
timbres-poste, on recevra *franco* à domicile.

DANIEL O'CONNELL.

LE LIBÉRATEUR
DE L'IRLANDE

ou

VIE DE DANIEL O'CONNELL

Par l'auteur de la Vie du général Drouot

TROISIÈME ÉDITION

LILLE

L. LEFORT, IMPRIMEUR - LIBRAIRE

M DCCC LXI

Tous droits réservés.

LE
LIBÉRATEUR DE L'IRLANDE

I

Les nations , comme les familles , sont
sujettes à des vicissitudes de prospérité et
d'infortune ; un coup d'œil sur l'histoire de
tous les temps et de tous les empires nous
confirme une partie de cette vérité. Il en
serait de même des annales des maisons parti-
culières, s'il nous était donné de les con-

sulter. Soit pour punir de graves égarements,
soit pour exercer la constance de ses élus ,
Dieu permet que de longues et cruelles ad-
versités pèsent sur une suite de générations.
Mais l'heure de la délivrance , marquée dans
les décrets divins de sa bonté, finit par arriver, et la Providence se sert d'ordinaire d'un
héros chrétien pour être l'instrument de sa
miséricorde.

Tel a été de nos jours le fameux Daniel
O'Connell ; cet homme vraiment extraordinaire, profondément ému des longues douleurs de sa patrie, a travaillé pendant un demi-siècle à son affranchissement ; il a trouvé
le secret de remuer sans bouleversement
tout un peuple réclamant une liberté juste et
raisonnable ; sachant le maintenir dans les
bornes de l'ordre et du respect aux lois , il
a opéré la plus étonnante révolution, révolution immense par ses conséquences , sans
effusion de sang, et par le seul pouvoir de sa
parole ; car, disait-il, « les plus grands progrès de l'esprit humain ne valent pas une
goutte de sang humain. » Maxime qui, mieux

connue, aurait empêché les cruels excès qui accompagnent souvent les révolutions.

On a trop longtemps confondus le mot de *liberté* et celui d'*anarchie*. A quoi cela tient-il? A ce que jamais peut-être ceux qui voulaient une sage liberté n'ont pu, malgré la pureté de leurs intentions, maintenir les peuples sur la pente glissante de cette liberté si près de dégénérer en licence.

Il appartenait à O'Connell de souffler, pour la première fois, un esprit d'émancipation tout à fait dégagé de l'esprit de parti, qui fait commettre tant d'injustices.

Aussi, il faut le reconnaître, O'Connell a été mu par une inspiration, une sorte de mission divine; ou au moins c'est en basant sa pensée sur la religion, qu'il a poursuivi son but avec tant de constance et de bonheur et sans aucun intérêt personnel.

Fréquemment, dans les annales de l'Eglise et de l'histoire, nous voyons l'erreur armée contre la vérité la poursuivre de ses injustes persécutions et faire un grand nombre de martyrs. Mais ce qui ne s'était peut-être pas

encore vu dans les siècles anciens , c'est une
nation vouée au martyre , de génération en
génération , pendant trois cents ans. Il était
réservé à l'Irlande, cette *Ile des Saints* (comme
on l'appelait autrefois, à cause du grand nombre de saints qu'elle avait produit) , de nous
montrer ce triste et magnifique spectacle d'un
peuple luttant depuis si longtemps contre la
misère la plus injuste , pour ne pas renier la
foi de ses pères, le culte catholique; et comme
l'a observé un des plus illustres panégyristes
d'O'Connel [1], c'était un nouveau genre de
persécution bien raffiné que celui qui s'atta-
quait ainsi aux sources vitales d'un peuple ,
en le privant de sa liberté religieuse et de ses
droits civils, en le contraignant par la misère
et le découragement à l'apostasie , en récom-
pensant la félonie par les honneurs et les em-
plois, et en laissant tomber dans la dégradation
celui qui refusait d'être lâche Ah ! quelque
courage qu'il fallût aux premiers chrétiens
pour endurer les roues, les chevalets, les
ongles de fer et la dent des bêtes féroces ,

[1] Le P. Lacordaire.

n'est-il pas peut-être plus difficile encore de résister toute sa vie à cette persécution sourde et perfide qui vous mine lentement, et qui frappe avec vous toute votre postérité ?

Ne cherchons pas ailleurs les causes de la misère dont souffre encore aujourd'hui ce peuple, malgré tout ce qu'O'Connell a fait pour sa délivrance morale, dont les effets se feront mieux sentir plus tard, comme ceux de son abaissement passé subsistent encore aujourd'hui. Comment la prospérité de « cette verte Erin, le plus beau joyau de la terre et la plus belle perle de la mer, » aurait-elle pu subsister parmi tant d'entraves ? Ses habitants pouvaient-ils trouver quelque énergie pour leurs intérêts matériels, si abusivement restreints, quand on leur ôtait ce qui fait le courage et la dignité de l'homme, cette liberté civile et religieuse, le premier des besoins pour tous ? l'esclavage ne conduit-il pas à l'abrutissement ?

Mais, grâce à Dieu, les Irlandais n'en sont pas venus là, et il restait encore une grande force morale à ce peuple qui savait tout sacri-

fier à sa foi, et qui sut aussi se laisser guider
par l'amour pour celui que Dieu suscita pour
sa délivrance.

Pour bien établir la situation où était l'Irlande avant O'Connell, nous rappellerons que,
depuis que, à force de persécutions et de corruption, l'Angleterre est devenue protestante,
c'est-à-dire depuis trois siècles, l'Irlande, qui
subissait son joug, a constamment résisté à
l'une et à l'autre de ces armes infernales. Sou-
mis à l'abusive loi qui défend à tout catholique
d'occuper aucun emploi public, privés de tous
droits civils et politiques, ses habitants deve-
naient la proie immédiate de tout magistrat,
de tout protestant qui voulait les opprimer.
On raconte à ce sujet des faits qui paraissent
incroyables, et plaise à Dieu qu'il y ait de
l'exagération ! Si un protestant, par exemple,
rencontrait un catholique à cheval, il avait
droit de l'en faire descendre, d'y monter, de
se l'approprier sans autre forme et sans que
le catholique pût en appeler devant la justice.
D'ailleurs cette justice, fournie par l'Angleterre, était protestante, par conséquent par-

tiale ; et le protestant pouvait molester le catholique en liberté sans que celui-ci eût droit de se plaindre , ou sans que ses plaintes fussent écoutées. Quel encouragement au travail et à l'industrie que d'être sans cesse exposé à se voir enlever le fruit de ses efforts !

Mais ce qui a achevé d'enlever à l'Irlande tout reste de liberté, c'est l'abolissement de son parlement national, et la fusion de ce parlement avec celui d'Angleterre, mu par des intérêts si différents ; de manière que depuis ce temps, plus que jamais, selon l'expression d'un député de Dublin, « l'Irlande n'était plus qu'une colonie à esclaves de l'Angleterre.»

Si l'on veut savoir l'opinion d'O'Connell sur cette *union* législative contre laquelle il n'a cessé de réclamer toute sa vie, la voici :

« L'*union* a été imposée à l'Irlande par l'opération combinée de la terreur, de la torture, de la force, de la fraude et de la corruption.

» Les fauteurs de l'*union* entretinrent et ranimèrent le feu d'une rébellion languissante. Ils excitèrent le protestant contre le catholique, et le catholique contre le protestant. Ils excitèrent des dissensions intestines, toujours dans le but d'arriver à la réalisation de leur projet d'asservissement. Tandis que *l'union* était en voie de progrès, l'*habeas corpus* fut suspendu, toute liberté constitutionnelle fut anéantie en Irlande. La loi martiale fut proclamée ; l'emploi de la torture fut fréquent ; la liberté, la vie et la propriété furent sans protection ; l'opinion publique fut étouffée ; les procès devant les cours martiales étaient à l'ordre du jour ; les *meetings* (assemblées) légalement convoqués par les magistrats furent dispersés par la force des armes ; la voix de l'Irlande fut comprimée. Le peuple se trouva sans protection ; ce ne fut pas tout. Sans parler des places qui furent données comme moyen de corruption, l'*union* a coûté en argent 75 millions de francs à l'Angleterre !

» L'*union* ne fut ni un traité ni un pacte ; elle a été emportée par la violence, la fraude, la terreur, la torture et la corruption. Elle n'a aucun pouvoir obligatoire, parce qu'elle est un fait de force majeure. Elle n'est plus qu'un mot, les deux pays ne sont pas unis.

» C'est ainsi que s'éteignit l'indépendance de l'Irlande ; ainsi fut consommé le plus grand crime qu'ait jamais commis contre l'Irlande le gouvernement britannique ! »

II

Daniel O'Connell naquit le 6 août 1775,
à Carhen, à peu de distance du village de
Cahireiveen, dans le comté de Kerry, d'une
famille illustre, qui fait remonter son origine
à Connaire II, roi d'Irlande, au commencement du troisième siècle. Cette famille avait
pris pour devise ces mots : L'OEIL D'O'CONNELL
EST LE SALUT DE L'IRLANDE. Etait-ce une pro-
phétie ?

Le jeune Daniel O'Connell, dont nous avons
à raconter la vie, fut adopté par son oncle
Maurice O'Connell, propriétaire de Darrynane-
Abbey. Ce seigneur, chef de la famille, n'avait
point d'enfants et mettait toutes ses espérances dans son neveu. Il fut obligé de lui
laisser faire ses premières études dans les

écoles de village. Lorsqu'il eut treize ans, Daniel fut confié à un prêtre qui s'était permis d'ouvrir une école, la première école catholique qu'on eût vue depuis longtemps ; l'Angleterre, qui avait assez à faire à lutter contre les colonies américaines alors en insurrection, ayant été obligée de relâcher un peu les lois si dures qu'elle faisait peser sur l'Irlande. O'Connel rappelait avec une sorte de complaisance que l'année de sa naissance était celle où les Etats-Unis d'Amérique avaient pour la première fois levé l'étendard de la liberté ; il croyait y voir un des pronostics de sa mission politique.

Un an plus tard, il quittait cette école de village pour aller faire sur le continent des études plus complètes, d'abord à Saint-Omer, puis au collége anglais de Douai. Daniel était toujours le premier de toutes ses classes, et le principal du collége de Saint-Omer écrivait à son oncle qu'il serait bien trompé si son neveu ne faisait un jour une *figure remarquable dans le monde.*

Bientôt la révolution française éclata. Ce

qu'O'Connell vit de cette révolution et de ses épouvantables excès lui inspira une horreur qu'il conserva toute sa vie pour les moyens sanguinaires d'établir une prétendue liberté qui n'est en réalité que le plus odieux despotisme. Daniel s'embarqua à Calais le jour même qu'il vit monter sur l'échafaud le vertueux Louis XVI.

Il avait alors dix-huit ans : il fut un moment occupé de la pensée d'embrasser l'état ecclésiastique, Mais beaucoup de jeunes gens pieux ont ordinairement cette velléité, et ce n'est pas toujours une marque de vocation. Dieu avait d'autres vues sur ce héros, qui devait s'élever à un autre genre de sacerdoce en devenant le chef moral de sa nation.

La Providence, qui avait pris soin de l'éducation politique d'O'Connel en le faisant assister au drame sanglant et si plein d'enseignement de la révolution française, lui indiqua aussi la profession qu'il devait embrasser, en faisant tomber, en 1813, les barrières qui fermaient aux catholiques la carrière du barreau.

Alors O'Connell se mit à apprendre le droit et y apporta ce zèle, cette intelligence qu'il avait coutume de déployer dans toutes ses études. Suivant les usages du barreau irlandais, il étudia toutes les parties du droit, tandis qu'en Angleterre, chacun se borne à en étudier une branche spéciale. Ses dispositions extraordinaires, jointes à une opiniâtre application, en firent bientôt un jurisconsulte profond ; et l'opinion générale a été depuis, que dans tout le royaume britannique, il n'était pas un seul homme qui eût une connaissance aussi parfaite des lois que lui.

Voici le portrait qu'ont tracé de son caractère deux des principaux biographes d'O'Connell. Il était « profondément religieux, mais sans fanatisme, pieux sans hypocrisie, modeste sans affectation, noble de caractère sans orgueil, sévère de mœurs sans rigidité, gai sans dissipation, facile sans légèreté, ferme sans obstination, respectueux sans bassesse, serviable sans manquer à sa dignité[1]. »

[1] Le P. Ventura.

« La vigueur de son intelligence ne le cédait en rien à la fougue de son tempérament. Il mettait la même ardeur au travail et aux amusements. D'une gaieté, d'une jovialité extrême dans ses récréations au milieu de ses amis, il se livrait à l'étude si sèche du droit anglais avec la passion qu'il portait à ses parties de pêche et de chasse. Contrairement à l'usage dégradant du temps, Daniel a toujours été d'une sobriété qui ne s'est laissé tromper qu'une fois [1]. »

A vingt-trois ans, O'Connell était avocat et se fit tout d'abord remarquer par son éloquence prodigieuse, sa profonde connaissance des lois anglaises, l'intelligence avec laquelle il savait les interpréter, les appliquer. Il se trouvait un des premiers catholiques qui entrât au barreau, et tous ses coreligionnaires le choisirent naturellement pour leur conseil. Ses débuts furent si brillants que, malgré les préjugés du temps, la plupart des juges devant lesquels il avait à plaider, ne purent s'empêcher de lui témoigner de la bienveil-

[1] Jules Gondon.

lance. Les jurés aussi, entraînés par l'éclat et la nouveauté de son talent, avaient pour lui une prédilection marquée. Ils aimaient à le voir au banc de la défense, « parce qu'ils savaient, dit M. Gondon, que le spirituel avocat saurait rompre à propos la monotonie d'une plaidoirie par quelque saillie joviale. Chacun sait, dit cet auteur, qu'O'Connel eut toujours le talent de mettre les rieurs de son côté. Ses débuts assurèrent le succès de sa carrière.

Il exposait ses causes avec une netteté rare , et savait tirer des circonstances favorables à ses clients un parti qui prédisposait toujours en faveur de son opinion. Quoiqu'il fût catholique et que ce titre le privât d'un grand nombre d'affaires, néanmoins il eut bientôt une clientèle des plus brillantes, et le nombre des causes qu'il était appelé à plaider, ou sur lesquelles il avait à donner son avis, l'obligeait à empiéter sur son sommeil et le temps de ses repas. Longtemps avant le jour, on le trouvait à son étude, dont les murs sévères n'avaient pour ornement que le signe de la Rédemption, et il s'y préparait dans le silence aux luttes oratoires qu'il devait soutenir quelques heures plus tard. »

Quoiqu'O'Connell appartînt à une famille très-aisée et qu'il fût traité en fils par son oncle Maurice, dont il devait être l'héritier, il fut pendant quelques années réduit aux ressources de son talent pour subsister, par suite d'une circonstance qui l'avait brouillé avec ses parents : celle d'un mariage qu'il contracta contre leur goût, ayant eu égard seulement aux qualités personnelles de celle qu'il voulut choisir pour sa femme, et la préférant obstinément aux riches héritières que lui proposaient son père et son oncle. Il avait vingt-huit ans lorsqu'il épousa une demoiselle O'Connel, sa cousine, digne à tous égards d'un tel choix, mais dénuée de fortune. Ce ne fut que quelques années plus tard qu'une réconciliation eut lieu entre lui et ses parents, la jeune épouse ayant gagné leur cœur par son mérite, et lui ayant prouvé par le parti qu'il savait tirer de ses talents, qu'une riche dot aurait été pour lui superflue. On estime que le revenu de son cabinet a fini par s'élever jusqu'à 500,000 livres par an.

Il nous reste à citer une dernière anecdote sur la jeunesse de Daniel O'Connell. Toutes les espérances que donnait le jeune légiste encore au début de sa carrière, tout ce qu'il promettait à l'Eglise, à la patrie, au monde et à la famille, faillit être détruit par une fatale imprudence. Au retour d'une de ces parties de chasse qu'il aimait avec passion, ayant ses vêtements mouillés, et sans avoir la précaution d'en changer, il s'assit devant un grand feu et s'y endormit. Il faillit payer cette imprudence de sa vie : une fièvre typhoïde s'empara de lui, et dans les accès de son délire, il murmurait des paroles, des mots qui prouvaient combien le sentiment de sa future vocation était inné en lui, et il témoignait le regret de mourir avant d'avoir pu fournir cette noble tâche. Heureusement il n'en fut rien, et la Providence, en cette occasion, remédia, comme elle le fait souvent, au mal causé par la légèreté humaine.

III

O'Connell parut pour la première fois sur la scène politique, pour protester contre cette union parlementaire dont le rappel fut le but constant de ses efforts ; il avait alors vingt-cinq ans. Les catholiques s'étaient réunis à Royal-Exchange-Hall pour pétitionner contre l'*union ;* la force armée intervint pour leur faire évacuer la salle, mais O'Connell, à la tête de ses amis, protesta si énergiquement et avec tant d'éloquence de son respect aux lois, que l'officier qui commandait les troupes, surpris de la nouveauté de ce langage, qui n'était pas celui de la sédition, se retira laissant les catholiques tenir leur *meeting*.

Ce fut là sa première profession de foi politique, et depuis ce temps son zèle pour l'affranchissement de sa patrie ne s'est pas ralenti un instant. Il y joignit toujours la prudence. Il devint l'avocat de toute sa patrie, s'identifia avec le peuple, dans lequel il fit en quelque sorte passer ses convictions, son âme. Tout en ranimant chez lui le sentiment de ses droits, il ne cessait de le maintenir dans les bornes du devoir. Mais pour l'arme qui lui était permise, O'Connell en usait largement, c'est-à-dire de la parole, de cette parole inspirée, fléau des oppresseurs et à laquelle ils n'avaient pas reconnu autant de force quand, par la permission de Celui qui dirige jusqu'aux volontés de ses ennemis, elle fut accordée comme une faible concession aux catholiques.

Pendant plus de vingt ans, O'Connell, armé du droit de pétition, du droit de la parole, qu'il maniait si vigoureusement dans les meetings quotidiens, releva plus que jamais chez les Irlandais le sentiment de leur foi, de leur liberté, de leur nationalité. En 1804, le gouvernement commença à prendre ombrage de l'Association irlandaise, organisée

sous le nom de *Catholic Board*. Il fallut
la dissoudre ; O'Connell la reconstitua sous
un autre nom. En 1805, une députation catholique se rendit auprès des ministres pour
réclamer l'émancipation, mais sans succès.
D'autres tentatives subséquentes ne réussirent
pas mieux : c'était toujours O'Connell qui
faisait les discours ; rien ne le décourageait.
Comme tous les gens d'un véritable génie, il
sentait qu'il devait réussir ; mais la gloire
d'un si grand succès devait être achetée par
des épreuves proportionnées à son impor-
tance.

En 1810, O'Connell avait déjà entraîné
dans son parti plusieurs protestants libéraux
qui savaient comprendre que le premier besoin de l'homme est la liberté de conscience.
Cette liberté, que les philosophes du siècle
précédent avaient invoquée pour avoir le
droit de nier Dieu sans vouloir l'accorder
à ceux qui l'adoraient, la voilà revendiquée
aujourd'hui au profit égal de tous. C'est ce
qu'on commençait alors à comprendre, c'est
ce que revendiquait O'Connell, c'est la ten-

dance qu'il a contribué puissamment à im-
primer à notre époque. Assez longtemps des
siècles de barbarie ont imposé aux hommes
telle ou telle croyance, à la faveur des sup-
plices, ou par l'appât des faveurs qui tendaient
à faire des hypocrites ; il était temps que le
libre arbitre triomphât, et les protestants
eux-mêmes, les plus intolérants des hommes,
commençaient à le comprendre.

Le mouvement national faisait donc des
progrès ; les assemblées, qui avaient pour
but de protester contre un pouvoir abusif,
se multipliaient dans toutes les parties de
l'Irlande : O'Connell en était l'âme.

En 1813, le gouvernement anglais parut
disposé à quelques concessions ; mais il de-
mandait en échange le droit de nommer les
évêques de l'Eglise d'Irlande. Les catholiques
à courte vue étaient d'avis qu'on acceptât cette
clause; mais O'Connell et les évêques du pays
pénétrèrent le piége et repoussèrent de toutes
leurs forces un projet de loi tendant à empiéter sur les libertés de l'Eglise d'Irlande, et
par là compromettre son intégrité encore

plus que n'avaient pu faire les persécutions.

Pour montrer à quel point les doctrines d'O'Connell avaient déjà fait de progrès dès 1813, voyons les sympathies qui accueillirent à cette époque une députation de dix délégués, envoyés par l'Irlande à l'Angleterre, chargés des pétitions et des vœux de leur nation. Un banquet leur fut offert par la société des amis de la liberté religieuse. Cinq cents convives y assistèrent, et parmi eux se trouvaient, entre autres grands personnages, deux princes du sang royal. O'Connell n'était pas avec eux ; sa présence était nécessaire au pays dont il était l'âme et la direction.

Vers cette époque, il fit une proposition tendant à encourager l'industrie irlandaise, et jura de n'acheter, durant le reste de ses jours, que des produits des manufactures du pays. Cette proposition ne fut pas unanimement goûtée ; il ne manquait pas, alors comme à présent, de ces libre-échangistes qui se trompent si grossièrement sur les intérêts nationaux, et ce n'est pas celle des vues de Daniel qui a rencontré le moins d'opposition et lui a attiré le moins d'amertume. Mais les preuves de sympathie toujours croissante qu'il recevait d'ailleurs avaient de quoi le consoler.

Si O'Connell attend quelque succès, et il l'attend avec confiance et patience, c'est du Ciel, c'est de la justice de sa cause.

« Celui qui recourt à la force, disait-il, n'est pas digne de la liberté. — Celui qui viole les lois trahit sa patrie. — Celui qui vous prêche l'insurrection ourdit contre vous une trahison..... Irlandais, le spectacle le plus agréable aux ennemis de votre foi serait de vous voir violer vos lois. Vos oppresseurs ne désirent rien tant que de vous voir en armes, de vous entendre pousser des cris séditieux contre l'autorité, pour avoir de nouveaux prétextes de vous opprimer davantage. Le jour où l'Irlande recourra à la force, elle perdra tout espoir de reconquérir sa liberté. »

« Mais, dit le P. Ventura, tandis que de toute la force de son éloquence, de tout le poids de son autorité, il recommande et

insinue l'obéissance aux lois les plus injustes, le respect pour le pouvoir le plus
oppresseur, il ne cesse toutefois d'exciter
l'énergie du peuple pour protester contre
l'injustice des lois et contre l'oppression du
pouvoir. Mais tandis qu'il tonne en faveur
de la légalité, il ne cesse de réveiller, de
maintenir toujours vivant, dans ce peuple
courbé sous le poids de trois cents ans de
servitude, le sentiment de sa propre dignité
et de sa propre indépendance. « Souffrez,
leur dit-il, mais réclamez. Obéissez, mais
demandez. Soyez sujets fidèles, mais sans
renoncer à être de généreux chrétiens. La
subordination toujours ; la dégradation, la
bassesse, jamais ! »

« L'Angleterre ne nous accorde rien, disait-il encore, parce que nous ne nous re-
muons pas. Agitons-nous, réunissons-nous !
Que le poids de nos pétitions fasse crouler
le bureau du *Speaker*, et qu'au bruit de ce
meuble brisé, la chambre des communes
soit enfin avertie que nous sommes des millions d'hommes écrasés par des iniquités. »

Nous avons dit que l'Angleterre avait consenti à accorder quelques concessions aux catholiques, à la condition qu'elle aurait un *veto* sur la nomination de leurs évêques. Cette proposition, qui datait de 1799, avait été renouvelée depuis, et toujours énergiquement combattue par O'Connell, le clergé et le peuple d'Irlande, qui ne voulaient pas, avec raison, ni à aucun prix, l'intervention d'aucun pouvoir temporel dans leur Eglise. Cependant un petit nombre de prélats donnèrent aux projets de l'Angleterre une approbation qu'ils regrettèrent et désavouèrent plus tard. Ils furent malheureusement soutenus par le vice-préfet de Rome qui, durant la captivité de Pie VII, gouvernait l'Eglise.

Ni l'épiscopat d'Irlande ni O'Connell ne voulurent en ceci reconnaître son autorité, et en appelèrent au Pape lui-même, qui répondit à leur confiance en annulant l'acte imprudent qui avait failli préparer la ruine de l'Eglise irlandaise, qui voulait conserver dans toute son intégrité la foi de saint Patrice son fondateur.

« Maintenant et toujours, disait O'Connell, en toute circonstance nous rejetterons toute faveur qu'il nous faudrait acheter au sacrifice de notre religion et de notre liberté. » Il invitait ses compatriotes à la patience et à la persévérance, en les assurant qu'ils auraient un jour « la gloire de conquérir leurs libertés sans abandonner le culte de leurs pères. »

Dans une autre occasion, il disait « que mieux vaut encore se rendre digne d'obtenir le succès de sa cause, que d'obtenir ce succès par de lâches concessions. »

IV

« La Providence est lente, dit le P. Lacordaire, et une patience égale à la sienne est le
don qu'elle accorde aux hommes dignes de lui
servir d'instruments. » D'où venait à O'Connell cette patience, cette confiance qu'on peut
appeler divine ? De la foi qu'il avait dans sa
mission en quelque sorte aussi divine. Oui,
Dieu était visiblement avec lui, et on est bien
fort quand on travaille avec Dieu. C'est Dieu,
c'est le sentiment profond de la justice, qui
donne à ses lèvres cette éloquence peut-être
sans exemple dans l'histoire de l'antiquité.
C'était dans la méditation des conseils divins
qu'il allait puiser ses moyens oratoires. Oui,
ce grand homme d'Etat s'unissait tous les
jours à Dieu par la prière, et très-fréquem-

ment par la communion. C'est là aussi qu'il retrempait les forces qui lui étaient nécessaires pour remplir *son apostolat politique.* Cet homme si ferme, ce rude censeur qui, par sa seule parole, est venu à bout d'ébranler, de modifier une puissante nation hérétique, courbait humblement son front hardi devant les autels de Marie, et lui rendait ce même culte si tendre et si naïf que nous voyons pratiquer par l'enfant et par la jeune fille. La dévotion pour Marie débordait de son cœur à tel point qu'il ne pouvait s'empêcher de mêler son nom à ses discours, et qu'un jour, en présence de plus de cent mille personnes tant protestantes que catholiques, il se laissa entraîner à l'élan de son cœur, qui le portait à proclamer les grandeurs de Marie. Cette multitude, ravie et comme suspendue à ses lèvres, crut entendre un docteur, un Père de l'Eglise énumérer les gloires et chanter les louanges de la Mère de Dieu..... Il avait placé la grande cause de l'émancipation sous la tutelle de la *Grande Dame;* c'est de sa protection, plus que de

ses propres efforts, qu'il attendait le succès ;
et quand il l'eut obtenu, il lui en attribua
toute la gloire[1]. »

Ce zèle d'O'Connell pour le culte de Marie
n'était pas ce zèle partial qui s'attache fortement à l'une des branches de la religion pour
négliger les autres. Non, cette ferveur s'étendait à tous les devoirs du chrétien, et tous
les dogmes de la religion catholique trouvaient en lui un défenseur également ardent.
Il l'a surtout prouvé dans une circonstance
remarquable que nous ne pouvons omettre
de transcrire ici : « Au milieu d'une nom-
breuse assemblée du peuple est venu s'abattre
un essaim de biblistes, venus tout exprès
de Londres, pour inoculer un nouveau pro-
testantisme en Irlande ; ils se répandent en
violentes invectives, en injures grossières, en
sarcasmes sacriléges contre tout ce qu'il y
a de plus auguste et de plus vénérable dans
l'Eglise catholique. Mais voici qu'à l'impro-
viste apparaît la figure d'O'Connell, qui,
comme un spectre, vient glacer d'effroi tous

[1] Oraison funèbre , etc., par le P. Ventura.

ces tristes prédicateurs. Mais que vient faire un laïque au milieu de gens d'église ; un homme de loi, là où l'on dispute de religion ? Ah ! O'Connell est citoyen, mais il est aussi chrétien. Il aime sa patrie, mais plus encore la religion catholique. Dans une guerre d'invasion , tout homme est soldat ; quand la foi est attaquée, tout chrétien est apologiste. Oui , en cette grande circonstance, la parole d'O'Connel n'est plus la parole d'un homme de loi , mais d'un docteur ; ce n'est plus un avocat habitué à respirer l'air tumultueux du barreau, c'est un Antoine, un Athanase sorti de sa solitude ou de sa méditation au pied du crucifix ! Chacune de ses pensées est un éclair, chacune de ses paroles un trait , chacun de ses arguments un coup mortel. Non, jamais les quatre grands caractères de la véritable Eglise ne furent démontrés par des preuves plus solides, une exposition plus grandiose, et avec une diction plus chaleureuse. Non, jamais l'origine honteuse de la *réforme*, l'humeur sauvage de son auteur , les dérèglements de ses apôtres, les blas-

phèmes, les contradictions de sa doctrine, la
bassesse de ses manœuvres, l'hypocrisie de
ses promesses, la turpitude de ses intentions,
l'injustice de ses rapines, la cruauté de ses
massacres, l'horreur de ses sacriléges, les
maux immenses qu'elle a accumulés sur les
plus belles contrées de l'Europe ; jamais, non
jamais toutes ces choses ne furent dépeintes
avec des couleurs plus vives, une touche plus
vigoureuse, une telle abondance d'images,
une logique plus puissante et un langage
plus magnifique.

« Il est impossible de décrire l'effet produit par cette harangue fameuse ; qu'il nous
suffise de dire que les coryphées du l'erreur,
confondus, réduits au silence, la
honte au front, le dépit et la rage au cœur,
reprirent de nuit, au milieu de la joie sincère des catholiques, de la confusion des
protestants et des rires de tous, la route qu'ils
avaient faite la veille. Quelle belle victoire! [1] »
De semblables scènes se renouvelèrent souvent, tant en Angleterre qu'en Irlande.

[1] Le P. Ventura.

Mais le zèle d'O'Connell pour l'Eglise ne se bornait pas à la servir en paroles. Il faisait des sacrifices pour multiplier les temples du Seigneur, et les rendre autant que possible dignes de la Majesté divine, et par son exemple il entraînait ses concitoyens à concourir à la même œuvre. Enfin, sa charité pour le prochain et les preuves nombreuses qu'il en donna, ne le cèdent en rien à celles de son zèle pour l'Eglise. Non-seulement sa bourse est celle de tous les malheureux ; sa maison est ouverte à tous ceux qui ont besoin de son hospitalité : non-seulement il est l'avocat gratuit de tous ceux qui n'en peuvent payer, et la consolation de tous les affligés du royaume, mais encore, par son industrie, son activité et son influence, il fait ériger des ateliers, des hôpitaux, des écoles, des asiles pour tous les âges et toutes les infortunes.

Enfin, s'il faut encore chercher une nouvelle preuve de l'esprit de Dieu résidant en lui, je dirai qu'O'Connell était comme doué d'une seconde vue, non pas d'une de ces vues magnétiques qui dépendent d'un concours de circonstances, et qui sont sujettes à errer ; jamais il ne se trompa dans ses prévisions, jamais il n'avorta dans ses desseins. Il prédit aujourd'hui ce qui doit arriver dans dix ans, et l'événement vient justifier de point en point la vérité de ses prédictions. « Tout ce qu'il prévoit arrive ; tout ce qu'il conseille réussit ; tout ce qu'il entreprend s'accomplit. De sorte qu'il s'était acquis le renom de l'homme au coup d'œil le plus sûr, au tact le plus délicat, à la pénétration la plus profonde, aux expédients les plus infaillibles, pour mener à leur fin les affaires les plus difficiles[1]. » D'après cela, il ne faut plus nous étonner des succès d'O'Connell auprès des puissants oppresseurs de son pays. Dieu veillait sur son fidèle serviteur ; il lui avait accordé les dons de sagesse, de force et d'intelligence, qui paraissaient diriger toutes ses actions et toutes ses démarches.

Cet homme, dans lequel nous reconnaissons tous les caractères d'un élu, a cependant failli une fois dans sa vie. Un sicaire, gagné

[1] Le P. Ventura.

par la municipalité orangiste de Dublin ,
homme extrêmement adroit au pistolet et
ayant la réputation de savoir moucher une
chandelle à quinze pas, lui chercha querelle.
En vain Daniel éluda-t-il d'abord le défi ,
divers motifs le décidèrent enfin à l'accepter.
Nous sommes loin de prétendre l'excuser ,
mais nous ferons remarquer que la chute de
David expiée par la pénitence n'empêcha
point la suite des desseins de Dieu à son
égard ; nous pensons qu'il en fut de même
d'O'Connell ; c'est ici, plus que jamais, que
nous croyons devoir citer l'opinion et le jugement du P. Ventura, plutôt que de laisser
carrière aux nôtres.

« Un jour , dit le célèbre orateur, O'Connell, se mettant en opposition avec les lois
de Dieu et de l'Eglise , s'est battu en duel
et a eu le malheur de tuer son adversaire.
Oui , cela est vrai. Je pourrais dire que cet
adversaire n'était qu'un sicaire que la municipalité orangiste de Dublin, impatiente de
se défaire du grand défenseur de la cause
catholique , envoya provoquer notre jeune

héros, qu'elle se croyait sûre d'immoler ;
car d'Esterre (c'était le nom de ce malheureux) était un adroit tireur dont les coups
étaient toujours certains. Je pourrais dire
encore que longtemps, et tant qu'il fut de
sang-froid, O'Connell, pour ne pas violer les
devoirs de l'homme et du chrétien, ne répondit que par le mépris à ce honteux défi,
dans lequel le fanatisme orangiste voulait
amener à périr par les armes celui qu'il
n'avait pu vaincre par la raison et le droit.
Je pourrais ajouter que ce vil sicaire le guet-
tait en tous lieux, l'accablait d'injures et
d'affronts et le poursuivait de ses menaces,
en sorte qu'O'Connell était obligé de se tenir sans cesse en défense et de s'entourer
d'hommes armés. Je pourrais dire enfin que
d'Esterre était le Goliath de ces nouveaux
Philistins, le plus acharné, le plus redoutable ennemi de la foi romaine, qui se faisait une triste gloire d'insulter à la faiblesse
du camp d'Israël, et qu'O'Connell, dans un
moment de religieuse illusion, put se croire
le nouveau David choisi pour venger l'op-

probre du peuple de Dieu ; que, dans un
moment d'impatience , de colère , de res-
sentiment chevaleresque , excité par des provocations si persévérantes et si viles, il céda
aux préjugés d'un faux point d'honneur et
d'un zèle malentendu , et que, dans cette
éclipse de sa raison , il en vint à un combat
où un Dieu miséricordieux voulut bien lui-
même veiller au salut de *l'homme de l'Irlande et de l'Eglise*, et que la victime im-
molât le bourreau. Je pourrais dire tout
cela , sinon pour excuser mon héros , au
moins pour atténuer sa faute ; mais me garde
le Ciel que, ministre d'une religion de paix,
en face de la Victime divine qui a versé son
sang pour que le sang de l'homme ne soit
pas versé , j'ose défendre un délit que la loi
de la nature et la loi évangélique condam-
nent également ! Le Ciel me garde de pa-
tronner un usage aussi insensé que barbare,
qui prétend , par la justesse de l'œil ou
la valeur du bras , prouver l'innocence du
cœur ! Le Ciel me garde d'excuser un préjugé
inexcusable , qui prétend s'honorer par l'ho-

micide, laver une tache éphémère avec du sang, et que l'Eglise a si justement qualifié de préjugé satanique ! Je dis donc qu'O'Connell fut coupable, très-coupable, en acceptant un duel; mais, après avoir connu la faute, connaissez la pénitence.

» Quand ce paroxisme de la fièvre de l'honneur mondain fut passé, la raison et la foi reprirent dans l'âme d'O'Connell tout leur empire. Il fut si affligé de sa triste victoire, qu'il ne put jamais y penser sans en gémir et en trembler, et qu'il fit le vœu solennel devant Dieu de ne jamais accepter, encore moins provoquer le jugement insensé et cruel des armes; et toutes les fois que, repoussant avec horreur les provocations qui lui furent faites (et cela devait arriver fort souvent à un homme qui, dans la défense de sa grande cause, irritait nécessairement bien des passions et se faisait beaucoup d'ennemis), il fut traité d'infâme et de lâche : « Mon Dieu ! s'écriait-il, que ces outrages et ces affronts que j'endure soient une expiation du sang que j'ai versé ! » Et, nouveau David, il cessa de vivre avant de cesser de se repentir et de pleurer son péché. »

Nous allons entrer dans le récit des succès remarquables qu'après vingt ans d'efforts obtint enfin O'Connel; auparavant égayons l'esprit du lecteur par une petite anecdote arrivée à l'illustre agitateur pendant qu'il allait lui-même prendre quelque repos en France.

En quittant Paris pour se rendre dans le Midi, O'Connell se trouva dans le coupé de la diligence de Bordeaux avec un capitaine de marine qui n'aimait apparemment pas les Anglais, et qui, croyant en voir un dans son compagnon de voyage, se mit à raconter contre l'Angleterre et les Anglais toutes les anecdotes que put lui fournir sa mémoire : assurément ce monsieur aurait pu exaspérer son compagnon de route, s'il avait eu affaire à un Anglais véritable. O'Connell l'écoutait en silence et s'amusait beaucoup de l'irritation croissante dans laquelle son calme mettait le narrateur.

Enfin, résolu sans doute à forcer l'Anglais prétendu à sortir de ce sang-froid qui l'exaspérait, le capitaine se tourna brusquement vers O'Connell, lui demandant s'il l'avait entendu, s'il le comprenait.

« Parfaitement, répondit Daniel.

— Eh bien ! vous n'avez donc rien à répondre à mes provocations ? ne sentez-vous pas mes attaques contre votre pays et vos compatriotes ?

— Je n'ai pas lieu de m'offenser ; tout au contraire, je pense que les Anglais méritent bien ce que vous en avez dit.

— Comment, monsieur !.... Vous êtes cependant Anglais, n'est-ce pas ?

— Non, monsieur, je suis Irlandais ; et loin de me fâcher de ce que vous avez dit, je trouve que vous n'avez pas été assez sévère. »

Le capitaine, surpris, dut renoncer au plaisir qu'il s'était promis de quereller, car il n'y avait pas matière avec un homme qui avait, plus que lui, lieu de se plaindre de l'Angleterre, et se montra, pendant le reste du voyage, envers l'illustre Irlandais, aussi aimable qu'il s'était montré désagréable au commencement.

V

« C'est en 1823, dit le P. Lacordaire, que commença le règne d'O'Connell. » Effectivement, c'est à cette époque qu'il constitua régulièrement l'*Association catholique*, qui, par ses soins, unissait déjà tous les cœurs de ses concitoyens et dont il était le chef moral. Voici comment elle s'organisa. On se donna rendez-vous dans l'arrière-boutique d'un libraire; dix membres devaient suffirent pour fonder l'Association; mais, soit l'effet de la crainte, soit celle de l'apathie, les fondateurs ne se rencontraient jamais en nombre suffisant. Lors de la quatrième séance, huit membres seulement se trouvaient réunis, et après avoir vainement attendu les autres, l'heure avancée, aussi bien que le découragement, allait séparer l'assemblée, lorsqu'O'Connell entend parler dans la boutique du libraire : c'étaient deux ecclésiastiques qui venaient acheter des livres. Or, tout prêtre était, dans les statuts, membre né de l'association en germe. O'Connell, avec l'instinct d'à-propos qui le caractérisait, sut mettre à profit cette circonstance imprévue ; il invite les deux ecclésiastiques à entrer, à venir prendre place dans la réunion. Ces messieurs hésitent ; mais O'Connell, les prenant par la main, les introduit ou plutôt les entraîne dans la pièce voisine. Il ferme la porte après eux et s'écrie d'une voix tonnante : « Messieurs, nous voilà constitués ; la séance est ouverte : Monsieur S...., vous avez la parole. » Et lui-même, dans cette première séance, expose les améliorations dont il croyait l'association susceptible.

Comme toute association a besoin de ressources matérielles pour subvenir au bien qu'elle veut établir, O'Connell fixa la cotisation de chacun de ses membres à deux sous par mois. « Ne riez pas, ne riez pas ! s'est écrié à ce sujet le P. Lacordaire ; il y avait

dans ces deux sous par mois un grand calcul
de finances et un plus grand calcul de cœur.
L'Irlande était pauvre, et un peuple pauvre
n'a qu'un moyen de devenir riche, c'est que
chaque main donne à la patrie du peu qu'elle
a. Le sou de l'émancipation conviait tout enfant d'Erin à prendre part au glorieux travail
de l'affranchissement ; la misère, si profonde
qu'elle fût, n'ôtait à aucun l'espérance d'être
assez riche pour faire une insulte à l'or de
l'Angleterre.

» L'association catholique et la rente de
l'émancipation eurent un succès inouï, et
élevèrent l'action d'O'Connell à la puissance
ét à la dignité d'un gouvernement. »

D'ailleurs, personne n'ignore quelles sommes énormes peuvent former les plus petites
cotisations, multipliées autant qu'il y a d'in-
dividus dans un état, précisément parce
qu'elles sont à portée de toutes les bourses.

C'était donc une grande pensée que cette
pensée d'O'Connell, si mesquine en appa-
rence. Au bout d'un an, deux millions de
souscripteurs composaient déjà cette associa-

tion qui devait encore s'étendre. Ajoutez à cela que les associés qui pouvaient et désiraient le faire, étaient libres de payer davantage, pourvu cependant que leurs dons n'excédassent pas cinquante sous par mois, comme si l'association catholique, qui tirait sa force d'une source plus élevée et plus pure, eût craint de devenir trop riche.

Mais à quoi servait cet argent ? Vous allez le savoir : à protéger le pauvre et le faible contre l'oppresseur riche, à entreprendre le redressement des griefs de tous les membres de l'association, à poursuivre en justice la mauvaise foi des magistrats orangistes ; en un mot, à combattre tous les abus pour y remédier ou les rendre plus rares, à faire les frais d'inscription des électeurs catholiques, à faire rayer les orangistes indûment portés, à recommander les candidats qui ont des titres à la confiance publique, et à encourager les électeurs à remplir leur devoir.

» Un pauvre fermier est-il jeté en prison parce qu'il n'a pu acquitter la dîme, l'association paie sa dette et lui rend la liberté. Un

électeur consciencieux est-il chassé de sa
ferme pour avoir voté contre le désir de son
landlord, l'association le loue de son courage,
le prend sous sa protection, lui accorde un
secours, ~~lui procure une ferme~~, et voue au
mépris public le propriétaire oppresseur.
L'association catholique formait un gouvernement au-dessus du gouvernement, car elle
contrôlait les actes du pouvoir en même
temps qu'elle dirigeait le peuple.

» Cette autorité ~~d'un nouveau genre~~ ne
travaillait pas seulement à l'éducation politique de l'Irlande, elle faisait prendre au peuple
des habitudes régulières et sociales, elle lui
enseignait ses devoirs en l'instruisant de ses
droits. Elle fondait des écoles, des établisse-
ments de bienfaisance; elle recommandait la
tempérance. Quand, la veille d'une élection,
elle défendait au peuple de s'enivrer, il n'é-
tait pas bu une seule goutte de wiski. L'autorité de l'association était telle qu'un paysan,
dans une élection à Waterford, se plaignait de
toute la force de ses poumons d'avoir été
battu.

« Et pourquoi n'avez-vous pas rendu les coups ? lui dit-on.

— Je croyais que l'association l'avait défendu. »

Fut-il jamais un gouvernement qui ait exercé pareille puissance ? Or cette autorité, qui se substituait au pouvoir légal, s'était constituée, non dans l'ombre, mais au grand jour de la place publique. Ses résolutions, ses actes, les paroles de ses membres étaient livrés à la publicité. Elle avait remplacé le meeting nocturne par le meeting en plein soleil. Telle fut l'association qui gouvernait l'Irlande et qui était elle-même gouvernée par O'Connell, association qui portait le nom de *catholique*, bien qu'elle fût ouverte à tous les protestants amis sincères de la liberté de conscience [1].

Oui, O'Connell était par le fait véritablement roi de l'Irlande ; il régnait sur elle par la foi et par l'amour ; et jamais souverain, conquérant, légitime ou élu, n'eut une aussi

[1] Biographie d'O'Connell, par Jules Gondon.

grande dose de pouvoir que celle qu'il tenait de la soumission volontaire de sa nation.

Et comme si ce règne , selon sa sublime origine, ne fût pas de ce monde , O'Connell, tout en s'élevant contre les empiétements abusifs de l'autorité , en maintenait cependant les droits, ordonnant de *rendre à César ce qui appartient à César*, aussi bien que de *rendre à Dieu ce qui appartient à Dieu.*

« Quelle confiance dans ses conseils ! dit le P. Ventura, quelle docilité pour ses avis ! quelle obéissance à son moindre signe ! C'est une masse de cent mille hommes qui frémissent contre un acte oppressif et injuste de l'autorité , et une seule parole d'O'Connell les calme, les disperse et les renvoie paisibles à leurs demeures. C'est une nation de plusieurs millions d'hommes affamés : et quelle mauvaise conseillère que la faim ! Il n'y a point de raisons qu'elle écoute, point de droits qu'elle respecte , point de dangers qu'elle n'affronte , point de châtiments qui l'épouvantent ! O'Connell s'écrie : « Respect à la propriété , ainsi la religion le commande ! »

Et sa voix seule obtient ce que toute l'artillerie de l'Angleterre aurait en vain essayé d'obtenir : la patience dans la faim, la résignation dans la mort !

« Non, l'histoire ne nous présente aucun autre exemple d'une puissance morale si grande, si colossale, et en même temps si obéie, si respectée. Je ne connais aucun souverain de droit qui ait été plus que ce souverain de fait fidèlement obéi, respectueusement vénéré, cordialement aimé !

» Ses marches étaient un continuel triomphe, triomphe dont il serait impossible de se faire l'idée, si dans les triomphes de Pie IX nous n'en avions la réalité sous les yeux. A peine le bruit se répand-il de l'arrivée du libérateur, que des provinces entières s'émeuvent, les représentants des villes et des comtés, les corporations des citoyens, des populations entières des lieux les plus lointains viennent à sa rencontre, les bannières déployées et rangées en bon ordre. En voyant apparaître dans le lointain le grand homme, avec ses formes athlétiques, son air imposant,

son front majestueux, son regard plein de
bonté et son aimable sourire; les joyeux
vivat, lancés avec toute l'énergie du cœur,
font retentir les airs ; mais lui, à travers les
arcs de triomphe, les rues couvertes de tapis
et de fleurs, entre les haies épaisses d'une
foule immense impatiente de voir son visage
et d'entendre sa voix, il va tout d'abord
adorer Dieu dans son temple.

» A sa vue, la joie se peignait sur tous les
visages, le bonheur inondait tous les cœurs.
En présence d'O'Connell, ce bon peuple
semblait oublier ses misères et ses angoisses
séculaires. Ceux qui le voient ne se rassa-
sient jamais de le voir; ceux qui l'entendent
ne se lassent point de l'écouter. Voyez-le,
entouré de deux, trois et jusqu'à six cent
mille personnes, comme tous sont ravis et
suspendus à ses lèvres ! avec quelle tendresse
ils le contemplent! avec quelle avidité ils l'é-
coutent ! Applaudissements, cris de joie qui,
articulés par toutes les bouches, sortent aussi
de tous les cœurs! Oh ! comme tous prennent
intérêt à sa santé, à sa vie, à sa gloire ! » C'est

notre père, disent-ils, notre véritable ami,
notre soutien, notre libérateur ; c'est donc,
après Dieu, notre unique espérance, notre
gloire, nos délices, notre amour. »

Si ce récit, cet encens paraît empreint de
quelque exagération, écoutons aussi ce que
dit d'O'Connell Cormenin, dont l'enthousiasme pour le libérateur de l'Irlande n'est
pas moindre.

« C'est O'Connell, dit-il, le grand O'Connell, debout sur le seuil de sa patrie, ayant
les cieux pour dôme, la vaste plaine pour
tribune, un peuple immense pour auditoire,
et pour écho les acclamations universelles de
la multitude, pareilles au frémissement de la
tempête et au roulement des vagues sur les
sables et les rivages de l'Océan. Jamais en
aucun siècle, en aucun pays, aucun homme
ne prit sur sa nation un empire aussi souverain, aussi absolu, aussi complet.

» Ses ancêtres, issus des rois d'Irlande,
portaient à leur côté le glaive des batailles.
Lui, tribun du peuple, il porte aussi le
glaive dans les combats de la parole, le glaive

de l'éloquence, plus redoutable que l'épée.

» Voyez O'Connell avec son peuple, car il est véritablement son peuple : il vit de sa vie, il vit de ses joies, il saigne de ses plaies, il souffre de ses douleurs. Il l'entraîne de la crainte à l'espérance, de la servitude à la liberté, du fait au droit, du droit au devoir, de la supplication à l'invective, de la colère à la miséricorde et à la pitié. Il ordonne à tout ce peuple de s'agenouiller sur la terre et de prier, et les voilà qui s'agenouillent et qui prient ; de relever leurs fronts vers le ciel, et ils se relèvent ; de maudire leurs tyrans, et ils les maudissent ; de chanter des hymnes à la liberté, et ils chantent ; de se découvrir et de prêter serment, la main haute, devant les saints Évangiles, et ils se découvrent, ils lèvent la main, ils jurent de signer des pétitions pour la réforme des abus, d'unir leurs forces, d'oublier leurs querelles, d'embrasser leurs frères, de pardonner à leurs ennemis, et ils signent, ils s'unissent, ils oublient, ils s'embrassent, ils pardonnent. »

VI

—Nous avons dit avec quel soin scrupuleux
O'Connell se maintenait et maintenait son
peuple dans les limites du droit et du devoir.
Sa devise et celle de l'association était celle-
ci : « Celui qui commet un crime fortifie son
ennemi. » Il recommandait en toute occasion
d'éviter les désordres, les troubles, les socié-
tés secrètes ; c'était au grand jour et publi-
quement qu'il tenait ses assemblées[1]. « Ses
leçons étaient soutenues par son exemple; et,
chose inouïe, pendant quarante ans qu'il agita
tout un peuple, tant par ses actes que par ses
harangues, jamais on ne le put surprendre
agissant en dehors ou à l'encontre des lois.
Jamais on ne le trouva coupable du plus

[1] Le P. Ventura.

petit attentat contre l'ordre, d'une parole qui ne fût sage, d'une expression qui ne fût respectueuse pour le souverain. »

« O'Connell, dit M. Lacordaire, poussait jusqu'à la superstition le respect de la loi ; il se permettait tout jusqu'à la limite où il rencontrait une loi évidemment en vigueur. Et pourtant nul homme, sous des lois même persécutrices, ne sut faire un plus surprenant usage de l'espace qu'elles laissaient à sa disposition. Sa profonde connaissance du droit servait admirablement la magie de ses marches et de ses contre-marches ; il a eu l'honneur de mourir, après quarante-sept ans de luttes civiles, sans avoir encouru une seule condamnation judiciaire définitive. Une fois, lors de la fameuse assemblée de Clontarf, il eut peur d'avoir été pris dans un piége où il n'aurait pas laissé sans tache la robe baptismale de son tribunal populaire et chrétien. La veille de l'assemblée, à quatre heures du soir, au moment où Dublin et l'Irlande regorgeaient de troupes britanniques, le vice-roi fit prononcer une ordonnance d'interdiction. Les cheveux se dressèrent sur la tête d'O'Connell par la pensée d'une collision inévitable entre le peuple et l'armée. On le vit, pâle et agité, expédier toute la nuit avertissements sur avertissements, courriers sur courriers ; et enfin, à l'aube du jour, après une nuit affreuse, il eut le bonheur que pas une âme ne se trouva sur ce champ de Clontarf qui en attendait cinq cent mille. »

Maintes fois le gouvernement frappa d'interdiction les assemblées de l'association ; O'Connell cédait pour le moment, mais sans se laisser abattre ; il en reconstituait aussitôt de nouvelles sous d'autres noms et avec de légères modifications qui ne faisaient rien au fond de la chose, et il parvint ainsi à lasser le pouvoir avant que de se laisser vaincre par lui.

Se rappelant sans doute cette parole du Sauveur à ses apôtres : « Vous sèmerez et d'autres recueilleront, » il attendait patiemment de l'avenir le succès que préparaient ses prodigieux efforts, et les réitérait chaque jour avec le même zèle que s'il fût à la veille d'en recueillir le fruit.

Cependant la cause de l'émancipation faisait chaque jour de nouveaux progrès ; nonseulement les catholiques d'Irlande et d'Angleterre y étaient intéressés , mais aussi les protestants dissidents d'Angleterre, et il y en avait un bon nombre dans ce royaume , où chacun a la prétention d'expliquer la Bible à sa fantaisie. Ces dissidents luttaient de leur côté pour briser les chaînes dont le culte officiel les avait chargés. « O'Connell , qui eut toujours pour principe que chacun doit adorer Dieu suivant les inspirations de sa conscience [1], leur prêta son loyal concours , et l'Irlande unit sa voix à celle des dissidents d'Angleterre pour demander leur affranchissement. »

« Frères en Jésus-Christ , leur disait-il , vous êtes engagés dans une lutte constitutionnelle pour la défense de vos droits. Il y a longtemps que nous travaillons dans le même but. Je crois indigne de la liberté l'homme qui ne fait pas tout ce qui est en son pouvoir pour obtenir ce bienfait, le plus grand dont on puisse jouir ici-bas.

[1] Biographie de Daniel O'Connell.

« Vous voulez l'abrogation des lois qui vous punissent de n'être pas hypocrites, qui vous privent de vos droits parce que vous êtes sincères et refusez d'abandonner des croyances religieuses profondément gravées dans vos consciences.

» Nous luttons précisément pour atteindre le même but. Comme vous, nous pourrions être débarrassés de toute entrave, si nous consentions à professer des opinions que nous ne croyons pas vraies. La trahison de notre foi, comme la vôtre, serait récompensée par la concession de tous les droits civils, et si nous étions assez méprisables pour ne tenir aucun compte de l'obligation sacrée d'un serment, nous pourrions obtenir tout de suite notre émancipation complète. »

En 1828, O'Connell eut l'inconcevable audace de se porter candidat pour être membre du parlement. Le succès qu'il obtint justifie assez cette hardiesse pour qu'elle n'ait pas besoin d'autre apologie ; mais comme nous tenons à constater les causes aussi bien que les effets, il est bon de faire remarquer que ce ne fut pas O'Connell qui en eut la pensée première; ce fut, le croirait-on? un protestant qui suggéra cette idée à un ami d'O'Connell. Celui-ci regarda cette suggestion comme providentielle, d'autant plus qu'il se souvint avoir entendu dire dans son enfance, par un catholique zélé, que ses coreligionnaires ne seraient jamais émancipés avant d'élire pour représentant un catholique qui irait forcer l'entrée du parlement. O'Connell parut vivement impressionné de cette ouverture inattendue, et se présenta à l'élection du comté de Clare, où il avait pour compétiteur Fitz-Gerald, serviteur du gouvernement.

Les deux champions se préparent à la lutte. L'un dispose des troupes, de la police, de l'argent du gouvernement; l'autre, au contraire, s'appuie sur une multitude en haillons; il n'a pour amis que les ministres d'une religion persécutée. Les prêtres ont discipliné l'armée déguenillée qui vient voter pour l'agitateur. L'ordre le plus parfait règne au milieu de ces paysans qui autrefois ne pouvaient se trouver réunis sans en venir aux mains.

Comme à Waterford, en 1826, on ne signala pas un seul acte d'imtempérance. O'Connell arriva à Ennis, après avoir harangué les populations accourues pour le saluer dans toutes les localités qu'il avait traversées. L'élection commença le 1er juillet 1828 et dura cinq jours. Il est à regretter qu'il n'ait été conservé que de rares fragments de discours prononcés par l'agitateur dans cette circonstance solennelle et décisive. Il exposa longuement aux électeurs les motifs puissants qui devaient les engager à voter contre son adversaire, et termina le plus magnifique de ses discours par cet appel au peuple :

« On vous assure, s'écrie-t-il, que je n'ai pas le droit d'être élu : cette assertion est fausse. Il est vrai que, comme catholique, je ne peux et ne veux pas prêter le serment exigé aujourd'hui des membres du parlement ; mais l'autorité qui ordonna la formule, c'est-à-dire le parlement, peut l'abroger, et j'ai la confiance que, si vous me nommez, les plus acharnés d'entre nos ennemis verront bientôt la nécessité de repousser un obstacle

6

qui empêche l'élu du peuple de faire son devoir envers son roi et son pays.

» Par le serment exigé aujourd'hui, il faut déclarer que le sacrifice de la messe et l'invocation de la bienheureuse vierge Marie et des autres saints sont des actes d'impiété et d'idolâtrie. Certes, je ne consentirai jamais à souiller mon âme par un pareil serment. Je laisse cela à mon honorable adversaire M. Vesey Fitz-Gerald. Il l'a déjà prêté ce serment, et il vous demande aujourd'hui vos votes pour le prêter encore. Electeurs du comté de Clare, choisissez entre moi, qui ai en horreur un tel blasphème, et M. Fitz-Gerald, qui l'a déjà répété vingt fois. Envoyez-moi au parlement, et je vous certifie que ce serment sacrilége sera bientôt aboli[1]. »

Un incident dramatique et assurément providentiel vint encore en aide à l'éloquence d'O'Connell. La veille du jour où le scrutin devait être fermé, un prêtre s'avance au milieu de l'assemblée et monte à la tribune : « Irlandais, mes frères, dit-il, un catho-

---

[1] Biographie d'O'Connell.

lique impie a eu le malheur de voter pour
Fitz-Gerald. — Honte, malédiction sur lui !
interrompit aussitôt le peuple indigné. — Silence, reprend avec sévérité l'orateur, l'indi-
gnation des hommes est faible auprès de la
colère de Dieu ! Le doigt du Tout-Puissant
l'a puni, une attaque d'aploplexie l'a frappé.
Une prière pour son âme !» Aussitôt la foule
s'incline, s'agenouille, et invoque la miséricorde divine pour l'âme du malheureux qui
a voté pour le député blasphémateur.

Un pauvre fermier, père de famille et pri-
sonnier pour dettes, voit s'ouvrir la porte de
sa prison par la main cruellement bienfaisante
du propriétaire dont il est le débiteur, à la
condition qu'il fera usage de cette liberté pour
voter contre O'Connell. Les besoins de sa famille désolée livrent dans son cœur un cruel
combat contre l'amour de la patrie et l'intégrité du devoir. Enfin, le sentiment paternel
l'emporte sur le sentiment chrétien. Le malheureux est libré, et, d'un pas chancelant,
d'une main tremblante, s'approche, la rou-
geur au front, de l'urne électorale, lors-

qu'une voix, la voix d'une femme, l'arrêta
tout à coup en lui faisant entendre ces mots:
« Malheureux, que fais-tu? souviens-toi de
« ton âme et de la liberté ! *Remember your*
« *soul and liberty !* »

« O voix, ô femme sublime ! s'écrie le
P. Ventura, c'est l'épouse de ce malheureux
Irlandais, c'est l'épouse qui préfère la victoire
d'O'Connell à la liberté de son époux, au
soutien de ses enfants. A cette voix, l'infor-
tuné revient à lui, il oublie qu'il est époux,
qu'il est père, pour se souvenir qu'il est
citoyen ; il vote pour O'Connell, et, nouveau
Régulus, il retourne tranquillement à sa prison. Bientôt la sublime parole de l'épouse
magnanime se répète d'une extrémité à l'autre
de l'Ile des Saints ; on l'imprime sur le
bronze, on l'inscrit sur les bannières de l'association catholique : c'est que, dans cette
grande parole, on trouve résumée toute l'histoire de ce peuple héroïque ; on y trouve
exprimés tous les sentiments d'un cœur vraiment irlandais, qui, depuis trois siècles, sa-
crifie tout à Dieu, à la religion, à la patrie. »

« Quand une *idée*, dit encore le même orateur, soit politique, soit religieuse, est descendue de la pensée des hommes dans le cœur des femmes, et qu'elle devient un *sentiment*, sa force est centuplée, elle résiste à tout, elle triomphe de tout. Or la *femme irlandaise* était pour O'Connell, qu'elle regardait comme l'unique soutien, l'unique vengeur de la patrie et de la religion, et c'était elle qui entretenait toujours vivant dans l'esprit du père, de l'époux et du fils, l'amour du grand citoyen, et leur inspirait le courage des plus grands sacrifices pour le libérateur commun. »

VII

On ne s'étonnera pas qu'O'Connell fut élu ;
mais le plus difficile n'était pas fait , il fallait
forcer l'entrée de ce parlement interdit aux
catholiques. Lorsqu'il se présente à la chambre
des communes, un huissier lui en défend
l'entrée, à moins qu'il ne jure les trente-neuf
articles de la religion anglicane. « Je jure ,
répondit O'Connell, fidélité à mon roi et
à toutes les lois justes du parlement , mais
je ne jure pas que l'hérésie et le blasphème.
Je demande à la chambre d'être admis à
prouver mon droit. »

Cette demande si nouvelle est accordée
plutôt par un instinct de curiosité que par un
principe de justice. Le grand homme est introduit... O'Connell parle, mais d'un ton si

majestueux , d'une voix si ferme, avec une
telle élévation de sentiments, une telle force
de raison, une telle magnificence de style ,
une si grande vigueur d'expressions, un feu
et une émotion tels, qu'il ébranle et fait frémir
tout d'abord l'assemblée ; puis il convainc les
plus difficiles, dompte les plus rebelles, émeut
les plus insensibles, et enfin les laisse tout
stupéfaits et hors d'eux-mêmes, et ayant l'air
de se demander l'un à l'autre, dans un élo-
quent silence: « Jamais homme a-t-il parlé
ainsi ? qui aurait le courage de donner tort à
un tel homme[1] ? »

— Cependant la question du droit d'O'Connell ne pouvait être ainsi résolue sans appel
en un jour. Elle fut soumise aux plus émi-
minents jurisconsultes d'Angleterre. Pendant
ces débats, O'Connell, retiré dans un angle
de la salle, récitait son rosaire et mettait sa
cause sous la protection de la Vierge victo-
rieuse de toutes les hérésies.

L'autorité des tribunaux fut invoquée, et
la fin de la session arriva avant que la ques-

[1] Le P. Ventura.

tion eut été résolue. Cependant le nombre
des partisans d'O'Connell s'accroissait chaque
jour, sa cause était celle de toute la nation
britannique, et la crainte d'une guerre civile
obligea enfin lord Wellington à faire signer
au roi Georges IV, d'un même trait de plume,
et le bill de l'émancipation et l'admission
désormais incontestable de Daniel au parlement, que cet acte entraînait de fait. Il
fut signé, non sans une formidable impréca-
tion échappée à la colère du roi, le 13 avril
1829, jour à jamais mémorable pour les catholiques de la Grande-Bretagne, et le
15 mai suivant, O'Connell était dûment in-
stallé à la chambre des communes comme le
député de Clare.

Cet acte de justice, quoiqu'il leur ait été en
quelque sorte arraché par la nécessité, est
cependant le plus beau titre de gloire du
roi et du ministre qui l'ont sanctionné, et
leur a valu, de la part d'un des plus éloquents orateurs chrétiens [1], de magnifiques

[1] Le P. Lacordaire.

éloges, répétés par les échos du plus auguste de nos temples.

Après avoir fait part de ces mêmes éloges à tous les protestants d'Angleterre et d'Irlande, qui, avec la magnanimité d'un esprit vraiment patriotique et chrétien, ont favorisé la présentation, la discussion, l'adoption du bill qui a émancipé les catholiques, le même orateur s'écrie : « Mais aussi, et par-dessus tout, louange, honneur, gloire et reconnaissance éternels à l'homme qui a rassemblé dans sa puissante main les éléments épars de la justice et de la délivrance, et qui, les poussant au terme avec une patience vigoureuse que trente années n'ont pas lassée, a fait luire enfin sur sa patrie le jour inespéré de la liberté de conscience, et a ainsi mérité, non pas seulement le titre de libérateur de son pays, mais le titre œcuménique de libérateur de l'Eglise.

— » Car, n'y eut-il que l'Irlande à qui l'émancipation eût profité, quel est l'homme, dans l'Eglise, après Constantin, qui ait affranchi d'un seul coup sept millions d'âmes? Rap-

pelez vos souvenirs; cherchez dans l'histoire,
depuis le premier et fameux édit qui accorda
aux chrétiens la liberté de conscience, et
voyez s'il s'y rencontrera beaucoup d'actes
comparables par l'étendue des effets à l'acte
d'émancipation ? Voilà sept millions d'âmes
libres de servir et d'aimer Dieu jusqu'à la con-
sommation des temps; et chaque fois que ce
peuple, avançant dans sa vie et dans sa liberté,
reportera en arrière le regard de l'homme qui
étudie le secret de ses voies, il rencontrera
le nom d'O'Connell à la fin de sa servitude et
au commencement de sa renaissance.

— » Mais l'acte d'émancipation n'a pas atteint
la seule Irlande; il embrassait dans sa pléni-
tude tout l'empire britannique, c'est-à-dire,
outre l'Irlande, l'Angleterre et l'Ecosse, ces
îles, ces péninsules et ces continents, où
l'Angleterre étendait autrefois, avec sa domi-
nation, l'intolérance de ses lois. Voilà donc
cent millions d'hommes, voilà les rivages bai-
gnés par vingt mers, et les mers elles-mêmes
délivrées du joug spirituel. Les vaisseaux de
l'Angleterre voguent désormais sous le pa-

villon de la liberté de conscience, et les innombrables peuples qu'ils touchent de leurs proues, ne peuvent plus séparer dans leur pensée la puissance, la civilisation, la liberté de l'âme, ces trois choses nées du Christ, et laissées comme son héritage terrestre aux nations qui embrassent le mystère libérateur de sa croix. Quelles conséquences, d'un seul acte! quel horizon sans mesure ouvert aux espérances de l'Eglise ! »

Parmi d'autres remarques pleines de profondeur et de justesse énoncées dans le sublime discours que nous citons, il en est encore une qui nous a particulièrement frappés :

« O'Connell avait cinquante-quatre ans le jour où fut conquis le bill d'émancipation des catholiques. Cinquante-quatre ans, c'est un âge terrible, non parce qu'il approche de la vieillesse, mais parce qu'il possède assez de force pour être ambitieux, avec assez de lassitude pour être content du passé et songer au repos de la gloire. Il est peu d'hommes qui, ayant obtenu par trente années de travaux un triomphe éclatant, et surtout un triomphe auguste comme celui de l'acte de l'émancipation, aient assez de courage pour commencer une seconde carrière, et pour exposer leur renommée aux coups de la fortune, tandis qu'ils peuvent jouir d'une vieillesse heureuse et toute couronnée. D'autres se laissent aller au piége d'une vulgaire ambition. On voit ces tribuns du peuple, après avoir servi dans leur premier âge la cause de la justice et de la liberté, se détacher d'elles, sous quelque couleur de devoir, se persuader qu'il y a deux manières de les servir, et, trompés par l'inconstance, faire de la seconde part de leur vie une insulte à la première. »

Tel ne fut pas O'Connell. N'existant pas pour lui-même, mais pour sa patrie, il jura de ne prendre aucun repos qu'il n'eût assuré son affranchissement et sa prospérité, en obtenant encore pour elle l'émancipation civile. Il consacra à cette grande œuvre les dix-sept années qu'il vécut encore; il l'a beaucoup avancée, et s'il n'a pu la compléter, on peut dire qu'il l'a préparée de manière à ce qu'elle doive nécessairement recevoir bientôt son accomplissement. S'il n'obtint pas ce *rappel de l'union* parlementaire des deux royaumes qui était son refrain perpétuel et comme son cri de guerre, rappel qu'il croyait nécessaire à la prospérité de la verte Erin, au moins obtint-il, pour les catholiques, toutes les charges de ses municipalités, et pour lui-même celle de lord maire de Dublin. Il obtint encore la diminution de la moitié des évêchés et la suppression d'un grand nombre de paroisses de l'hérésie, et enfin l'extinction des dîmes que les catholiques étaient obligés de payer pour l'entretien du culte protestant.

O'Connell fut successivement réélu par divers comtés d'Irlande, et pendant sa carrière parlementaire, qui dura dix-huit ans, il n'exerça pas seulement une grande influence sur les affaires de l'Irlande, mais encore sur celles de l'Angleterre. Il eut à lutter contre plus d'une opposition, particulièrement de la part de l'aristocratie financière ; voici comment il s'y prit pour la réduire au silence :

Les banques irlandaises avaient en circulation une grande quantité de billets ; O'Connell résolut de discréditer ces valeurs [1]. « Il est temps, s'écriait-il, que l'Angleterre n'ait pas seule le privilége de la circulation des valeurs monnayées, tandis que l'Irlande ne possède que du papier sans valeur. » Tous les porteurs de *bank-notes* furent invités à se présenter à jour fixe pour en exiger le remboursement intégral et immédiat. L'invitation d'O'Connell fut reçue comme un ordre, et, dès que son plan fut connu, il s'opéra instantanément, dans toute l'Irlande, une réaction commerciale. La panique devint générale : tous les fermiers arrivaient dans les villes, et les porteurs de *bank-notes* se ruaient vers les banques pour y demander leur or.

Les caisses furent bientôt épuisées ; les banqueroutes se multiplièrent, les opérations commerciales furent suspendues, et dix jours s'écoulèrent sans qu'il fût possible de lier une seule affaire.

L'aristocratie financière apprit ainsi à ses dépens à ne plus se jouer d'O'Connell et de

[1] Biographie d'O'Connell.

l'Irlande. Déjà l'agitateur, pour faire cesser une loi qui avait été rendue contre toute espèce d'associations, sous quelque prétexte et de quelque nature qu'elles fussent, avait établi en Irlande un système de non-impor- tation fatal au commerce anglais, et donnait l'exemple de la manière dont il devait se pra- tiquer en refusant de recevoir dans sa maison, non-seulement des produits anglais, mais en- core du thé, du café et autres productions exotiques qui viennent en Irlande par l'An- gleterre.

Pour se venger, ses ennemis lui suscitèrent plusieurs procès dont toujours il sortait victorieux. Enfin un procès monstre fut in- tenté contre O'Connell, son fils John et les chefs de l'Association. Détenu à Richmont, l'agitateur parut dans sa prison plus majes- tueux que jamais. Aucun souverain n'eut une cour aussi fréquentée. Les populations les plus éloignées y accouraient ayant à leur tête leurs évêques et leurs prêtres. Réunis en synode, les prélats d'Irlande formulèrent la prière suivante, qui fut ordonnée et répétée avec amour dans toutes les paroisses du royaume pour obtenir sa liberté :

« Dieu tout-puissant, accordez à votre serviteur Daniel O'Connell, qui est en ce moment retenu captif, les grâces nécessaires pour supporter avec résignation cette terrible épreuve; et, dans votre miséricorde, rendez-le sain et sauf à la liberté pour la direction et la protection de votre peuple. »

« Quel sujet de joie et d'allégresse pour l'Irlande, quand au dernier jour d'une neuvaine qu'O'Connell avait suggéré de faire à la Mère de Dieu pour sa délivrance, la chambre haute du parlement d'Angleterre, plus haute cette fois par la noblesse de ses sentiments que par l'élévation de son rang, dans un acte d'admirable justice, rendit à l'Irlande son champion, au peuple son père! Au sortir de la prison, un magnifique char triomphal et un peuple immense attendaient O'Connell; il fut accueilli par des *vivat* et des signes d'enthousiasme plus faciles à imaginer qu'à décrire; ce jour fut pour lui un véritable triomphe auprès duquel les triomphes des empe-

reurs romains paraîtraient d'autant plus pâles
et mesquins que ceux-ci étaient les triomphes
de la force et celui-là le triomphe de l'amour[1].»

Six cent mille francs, votés librement par
le peuple irlandais en faveur d'O'Connell,
ont paru à plusieurs personnes un argument
contre le désintéressement de ce grand homme
dans les services qu'il rendait à sa nation.
Un peu de réflexion cependant le lave de tout
reproche à cet égard : O'Connell, pour s'occuper uniquement des affaires de l'Irlande,
avait été forcé d'abandonner le soin de son
cabinet qui lui valait un revenu à peu près
égal. Ajoutons que sa position de membre du
parlement l'obligeait à de grands frais, et à
une représentation à Londres. En Irlande, sa
condition de quasi-roi lui imposait aussi des
charges; et quel est aujourd'hui le souverain
qui se contenterait d'une liste civile aussi
modeste, et qui se sert de celle qu'il im-
pose pour faire autant de bien à son peuple
que O'Connell en faisait avec celle qui lui
était volontairement accordée ?

1 Le P. Ventura.

VIII

Le P. Ventura établit entre Napoléon et O'Connell un parallèle qui peut être cité parmi les modèles de ce genre.

« En comparant, dit-il, ces deux hommes, les plus extraordinaires des temps modernes, et qui ont rempli la première moitié de notre siècle de la grandeur de leurs noms, O'Connell et Bonaparte, l'histoire impartiale dira : que l'un a été le génie de la paix, l'autre celui de la guerre. L'un a conservé les fils à leurs mères, les maris à leurs épouses, les pères à leurs jeunes familles : l'autre les leur a enlevés ; l'un a sauvé des millions de vies, l'autre les a sacrifiées ; l'un a prêché la fidélité, l'autre la rébellion à tous les gouvernements établis. Le

nom de l'un ne rappelle que désintéressement, amour de la justice, de l'ordre et
de la légalité ; le nom de l'autre ne rappelle,
au contraire, que grands bouleversements,
grandes injustices, grandes spoliations et
grandes usurpations. L'un a fait revivre les
principes d'indépendance civile déposés dans
les antiques constitutions de la monarchie
chrétienne, l'autre les a détruits : l'un a travaillé pendant quarante ans à la vraie liberté des peuples ; l'autre, sous le nom de
centralisation, a créé une servitude univer-
selle. Et pourquoi cette différence ? C'est
que Napoléon s'est inspiré de l'ambition,
O'Connell de la charité ! Celui-là a déprécié
la religion en emprisonnant l'auguste chef
de l'Eglise ; celui-ci l'a honorée, l'a aimée,
en envoyant à ce chef son propre cœur en
hommage[1]. — Le premier, citoyen selon les
maximes du monde, s'est servi d'une phi-
losophie incrédule pour créer la servitude ;
le second, citoyen évangélique, s'est aidé

[1] Ainsi que nous le verrons plus loin, O'Connell légua
son cœur à Rome.

des pratiques de la religion, des doctrines qu'elle enseigne, de la charité qu'elle inspire, pour faire régner la liberté. Et voilà pourquoi l'un a obtenu de solides conquêtes, tandis que l'autre, avant d'expirer, vit disparaître les siennes. L'un a laissé derrière lui un sillon de lumière, l'autre une trace de sang ; et tandis que la mémoire de Napoléon inspire je ne sais quel sentiment lugubre et terrible, n'éveille qu'une admiration stérile mêlée de pleurs ; au contraire, la mémoire d'O'Connell fait palpiter le cœur de joie ; oui, la mémoire d'O'Connel, à jamais bénie, sera l'amour et les délices du monde. »

O'Connell ne fut pas toujours jugé de la sorte, non-seulement dans toute l'Europe où il fut longtemps ignoré ou méconnu par ceux qui auraient dû le mieux l'apprécier et qui le jugaient sur des rapports inexacts ou calomnieux, mais encore par Rome même qui lui a rendu depuis un si éclatant hommage. Au sein de sa patrie, et sur la fin de sa vie, il eut la douleur de voir

une partie des membres de l'Association se
séparer de lui, et prendre l'attitude d'un
parti hostile sous le nom de *Jeune Irlande*,
à la tête duquel était M. Smith O'Brien,
qu'O'Connell avait eu le malheur de dési-
gner plusieurs fois comme la personne la
plus apte à lui succéder. Impatient de jouir
de la suprématie qui lui avait été offerte en
expectative, l'élève d'O'Connell, devenu son
ambitieux rival, chercha tous les moyens de
le supplanter.

Un fléau du ciel, la famine, vint encore
ajouter aux maux de la patrie et à la douleur d'O'Connell ; non-seulement il voyait
souffrir ce peuple qui lui était si cher, mais
cette circonstance retardait l'accomplissement
de l'espérance qu'il avait le plus à cœur, le
rappel de l'union.

Ce n'était plus le cas de revendiquer des
droits politiques, mais il s'agissait de demander du pain pour une nation affamée et
de prendre des mesures qui pussent lui en
assurer. Il faut dire à la gloire de l'Angleterre que, dans cette occasion, elle fit pa-

raître sa générosité naturelle, en envoyant
de nombreux secours aux malheureux Irlandais. Ce n'étaient pour eux que quêtes,
souscriptions, cotisations ; on équipait des
vaisseaux entièrement chargés de vivres pour
nourrir l'Irlande. O peuple anglais ! malgré tous les défauts que l'on t'attribue, on
ne peut méconnaître en toi de grandes qualités et de généreux instincts qui ne reste-
ront pas, nous l'espérons, sans récompense !

« M. Lacordaire dit que, selon les pensées
des hommes, O'Connell eût dû mourir le
jour même de sa sortie triomphale de prison
(c'était en quelque sorte l'apogée de sa
gloire.) ; mais, ajoute ce sublime apprécia-
teur des voies de la Providence, mais l'Arbitre des destinées et le Juge des cœurs en
avait autrement décidé. O'Connell était chrétien, la foi et l'amour de Dieu avaient été
les principes vivifiants de toute son existence ;
toutefois, si vrai fidèle qu'il eût été, il avait
pu n'être pas insensible au magnifique en-
chaînement de ses jours. La gloire est un
poison subtil qui pénètre l'airain des cœurs

les mieux trempés ; O'Connell méritait que
Dieu le purifiât vivant, et mît sur sa tête,
après tant de couronnes qui ne s'y étaient
jamais flétries, cette couronne suprême de
l'adversité, sans laquelle aucune gloire n'est
parfaite ni sur la terre ni dans le ciel.

O'Connell vit une partie des siens se
détacher de lui ; son âme fut blessée dans
l'orgueil et dans l'amitié ; elle le fut aussi
dans le peuple qu'il avait si tendrement et
si efficacement servi. Une famine horrible
moissonna sous ses yeux les enfants d'Erin ;
il vit des maux contre lesquels l'éloquence
et le génie ne pouvaient rien, et sentit jusqu'au fond toute l'impuissance de la gloire.
Mais, pendant qu'il était en proie à cette
douloureuse agonie, tout à coup, sur les
rives sacrées du Tibre, une voix fut enten-
due qui fit tressaillir le monde et la chrétienté. L'un et l'autre attendaient un père
qui ressentît les besoins des siècles nouveaux, qui les prît dans sa main pontificale
et pacifique, et les élevât de terre jusqu'à
la hauteur même de la religion. Cette at-

tente et ces vœux étaient exaucés : O'Connell pouvait mourir, Pie IX était au monde ; O'Connell pouvait se taire, Pie IX parlait ; O'Connell pouvait descendre dans les langes du tombeau, Pie IX était debout sur la chaire de Saint-Pierre. Le vieil et mourant athlète de l'Eglise et de l'humanité ne s'y trompa point : la force et la faiblesse de sa vie lui furent révélées, il connut qu'il n'avait été que le précurseur d'un plus grand libérateur que lui, et, comme Jean-Baptiste, alla crier dans le désert l'envoyé qu'il attendait et dont il ne se croyait pas digne de délier la chaussure. O'Connell tourna les yeux vers Rome, et, faisant un dernier effort sur l'âge et sur le malheur, il partit dans la simplicité et dans la joie du pèlerin. Mais il était trop tard, le souffle lui manqua sur les bords de la Méditerranée, lorsqu'il entrevoyait déjà les coupoles et l'horizon de Rome.... »

La France, qui a rendu un si magnifique hommage à la mémoire d'O'Connell par l'organe du prédicateur célèbre qui sait le mieux s'identifier avec sa pensée religieuse, n'a pas

attendu la mort du champion de la vraie liberté pour lui rendre justice. Nos principales
villes, qu'il a traversées pour se rendre sur
les bords de la Méditerranée, où il devait trouver un tombeau, lui ont offert l'expression de
leurs respectueuses sympathies ; Paris surtout, où il a été harangué par M. le comte de
Montalembert, président du *comité électoral
pour la défense de la liberté religieuse*.

Voici les propres paroles prononcées en
cette occasion par le noble pair, qui est à la
tribune politique ce qu'est M. Lacordaire à
la tribune sacrée :

« Monsieur et illustre ami ,

» Quand j'eus le bonheur de vous voir pour
la première fois, il y a seize ans , dans votre
demeure de Derrynane , au bord de l'Atlan-
tique, nous étions au lendemain de la révolution de juillet, et votre sollicitude se portait
déjà avec ardeur sur les destinées de la religion en France. Je recueillis avec respect vos
vœux et vos leçons. Vous nous montriez dès
lors le but où nous devions tendre et la règle

que nous devions suivre : affranchir l'Eglise
du joug temporel par des moyens légaux et
civiques, et en même temps séparer sa cause
de toute cause politique. Je suis heureux de
pouvoir vous montrer aujourd'hui que vos
leçons ont fructifié parmi nous. Je viens vous
présenter ceux qui, en France, se sont faits
les premiers soldats de ce drapeau que vous
avez le premier déployé et qui ne disparaîtra
plus. Nous sommes tous vos enfants, ou, pour
mieux dire, ~~vos élèves. Vous êtes notre maître~~
notre modèle et notre glorieux précepteur.
C'est pourquoi nous venons vous apporter
l'hommage tendre et respectueux que nous
devons à l'homme qui, de nos jours, a le plus
fait pour la dignité et la liberté du genre humain, et spécialement pour l'éducation politique des peuples catholiques. Nous venons
admirer en vous celui qui a accompli la plus
belle œuvre qu'il soit donné à l'homme de
rêver ici-bas ; celui qui, sans verser une
goutte de sang, a reconquis la nationalité de
sa patrie et les droits politiques de huit millions de catholiques. Nous venons saluer en

vous le libérateur de l'Irlande, de cette nation qui a toujours excité en France des sentiments fraternels, et qui, grâce à vous, ne retombera plus sous le joug du fanatisme protestant.

p Mais vous n'êtes pas seulement l'homme d'une nation, vous êtes l'homme de la chrétienté tout entière. Votre gloire n'est pas seulement irlandaise, elle est catholique ! Partout où les catholiques renaissent à la pratique des vertus civiles et se dévouent à la conquête de leurs droits légitimes, après Dieu, c'est votre ouvrage ! Partout où la religion tend à s'émanciper du joug que plusieurs générations de sophistes et de légistes lui ont forgé, après Dieu, c'est à vous qu'elle le doit ! Puisse cette pensée vous fortifier, vous rajeunir dans vos infirmités, et vous consoler dans les douleurs dont votre cœur si patriotique est aujourd'hui accablé ! Les vœux de la France catholique, de la France vraiment libérale, vous suivront dans votre pèlerinage à Rome. Ce sera un grand moment dans l'histoire de notre temps, que celui où

vous vous rencontrerez avec Pie IX, et où le
plus grand, le plus illustre des chrétiens de
notre siècle s'agenouillera devant un pape
qui rappelle les plus beaux temps de l'Eglise.
Si, dans ce moment de suprême émotion,
il reste dans votre cœur une pensée pour
autre chose que pour l'Irlande et pour Rome,
souvenez-vous de nous ! L'hommage de l'a-
mour, du respect et du dévouement des catholiques de France pour le chef de l'Eglise,
ne saurait être mieux placé que sur les lèvres
du libérateur catholique de l'Irlande. »

IX

Daniel O'Connell est mort à Gênes, le 15
mai 1847, dans les bras du plus jeune de ses
fils , et du révérend docteur Miley, prêtre
également recommandable par ses vertus, ses
talents , qui était son ami, et qu'il avait fait
venir d'Irlande aussitôt qu'il pressentit sa
fin prochaine. Dans la nuit qui précéda sa
mort, les derniers sacrements lui furent ad-
ministrés , et il les reçut avec une sérénité et
une ferveur qui remplit tous les assistants de
la plus grande édification. Le nom sacré de
Jésus et la prière de saint Bernard à Marie
étaient fréquemment sur ses lèvres, ainsi que
des actes de contrition , d'amour et de confiance , et certains versets de psaumes. Il
répondit lui-même aux prières des agoni-

sants, et quand il n'eut plus la force d'arti-
culer, l'expression de son visage laissait voir
à tous la foi qui débordait de son cœur. Sa
mort a été si douce, qu'on eût dit le sommeil d'un enfant s'endormant sur le sein
d'une mère bien-aimée. Ses dernières paroles ont été : « Je lègue mon corps à l'Ir-
» lande, mon cœur à Rome, mon âme au
» Ciel ! »

La nouvelle de la mort d'O'Connell a produit en Irlande la plus profonde émotion.
La foule s'est rassemblée devant Conciliation-
Hall pour recueillir avidement quelques détails. On a affiché sur la porte une note ainsi
conçue : « Hélas ! hélas ! O'Connell n'est
» plus, l'association se rassemblera demain
» pour rédiger une adresse au peuple d'Ir-
» lande, à l'occasion de cette épouvantable
» calamité nationale. »

Le conseil municipal de Dublin s'est ajourné à trois semaines, par respect pour la mémoire du grand citoyen de l'Irlande.

Toutes les cloches des chapelles et églises
catholiques ont sonné le glas mortuaire.

L'archevêque de Dublin a ordonné que des messes fussent, pendant trois jours, offertes pour le repos de l'âme d'O'Connell.

O'Connell laisse quatre fils, héritiers de ses doctrines, représentants de ses idées et continuateurs de ses œuvres. Trois d'entre eux sont membres du parlement britannique.

Les conseils municipaux des villes de province ont imité l'exemple de celui de Dublin et ajourné toutes les affaires en signe de deuil. Dans la plupart de ces villes, les magasins ont été fermés pendant trois jours. La jeune Irlande elle-même, malgré les différends qui l'ont séparée d'O'Connell, a rendu hommage à sa mémoire et s'est associée au deuil général.

L'association du rappel, c'est-à-dire celle que O'Connell avait présidée, a adressé aux Irlandais une proclamation où elle épanche sa douleur, et invite le peuple à rester fidèle aux principes de paix, d'ordre et de légalité constamment recommandés par le libérateur. Peut-être ferons-nous plaisir en transcrivant cette proclamation :

« Compatriotes !

» O'Connell n'est plus ! L'esprit qui animait l'Irlande s'est envolé, la lumière qui éclairait la nation s'est éteinte. — Pleurez et gémissez, et que votre douleur soit sans bornes, ô fils de l'Irlande, car la coupe de votre affliction est pleine, et l'étendue de vos souffrances incommensurable.

» L'orgueil de nos cœurs a succombé ; la plus brillante perle d'Erin nous est enlevée ; le libérateur de notre pays est mort.

» Il a plu au Tout-Puissant de nous courber sous les plus poignantes afflictions : tandis que la peste et la famine désolent notre malheureuse population, le champion des libertés de l'Irlande est étendu sans vie sur la terre étrangère et loin de son pays natal, si cher à son cœur.

» Nous pouvons le pleurer, car l'humanité déplore sa perte, et notre deuil s'étend sur le monde entier.

» Compatriotes ! comment prouverons-nous le mieux combien nous l'avons aimé pendant sa vie, combien nous le regrettons après sa mort? En vénérant ses principes, en obéissant à ses instructions, en poursuivant les mêmes buts, aussi nobles qu'élevés, dans les voies pacifiques où il marcha constamment. Dans un sens, dans le sens véritable du mot, O'Connell n'est pas mort! les hommes comme lui ne meurent jamais. Tout ce qui était mortel en lui a passé, mais la partie immortelle reste ; son esprit, ô compatriotes, demeure encore avec vous. Ses instructions morales vivent à jamais dans vous et dans l'univers entier. Le temps ne peut éteindre les leçons de la sagesse.

» Quant à nous, formés comme nous l'avons été par lui, en association, nous sommes déterminés à maintenir ses principes à nous en tenir à ses doctrines, à ses doctrines seules. C'est notre résolution ferme et invariable.

» Dans le vaste univers, un vide immense se fait sentir : qui le comblera? quelle nation, quel peuple n'a pas trouvé un bienfaiteur? Notre pays a perdu, lui, son chef et son guide. Oh ! que ce pays se laisse encore

conduire par la sagesse de ce grand homme,
qu'il continue à marcher sous sa bannière !
Ses voies étaient celles de la paix , de la légalité et de l'ordre. Rappelez-vous, rappelez-
vous encore la devise de son association , la
recommandation de sa sagesse et de son ex-
périence : « L'homme qui commet un crime
donne de la force à son ennemi. »

« Par ses longs et fidèles services, par les
nobles exemples de sa vie , par la gloire de
son nom immortel , nous vous adjurons , ô
compatriotes , de ne point abandonner les
principes, les desseins, les doctrines d'O'Connell. »

L'association du rappel a invité M. John
O'Connell, l'un des fils du libérateur , à
prendre la place de président de l'association,
laissée vacante par la mort de son père. Cette
offre a été acceptée.

A Rome, la douleur publique ne s'est pas
moins vivement manifestée. Depuis le souverain pontife lui-même jusqu'au dernier habi-
tant de la cité-reine , tous les cœurs ont été
profondément attristés. C'était une entrée

triomphale que l'on préparait au grand défenseur de la liberté religieuse ; un arc de
triomphe devait être élevé , et sa réception
eût ressemblé à celle d'un prince. Ces témoi-
gnages d'une joyeuse reconnaissance ont fait
place à des préparatifs , hélas ! d'une autre
nature , et la gratitude des catholiques s'est
manifestée par l'ardeur des prières offertes
pour le repos de son âme. Le cœur d'O'Connell a été déposé dans l'antique église de
Sainte-Agathe , desservie par des prêtres du
collége irlandais , et dont le supérieur était
l'ami de ce grand homme.

La mémoire d'O'Connell a été particulièrement honorée par la sublime oraison funèbre que le P. Ventura , l'un des plus
beaux génies et des plus éloquents orateurs
de la chrétienté , a prononcée dans une des
principales basiliques de la ville éternelle. Ce
discours , qui donne une sanction précieuse
aux doctrines qui ont dirigé et animé la vie
d'O'Connell , a excité de vives sympathies et
jeté de grandes clartés sur plusieurs questions
sociales et politiques.

Et récemment, un de nos plus célèbres orateurs français, le révérend P. Lacordaire lui a payé aussi le tribut de ses éloges dans l'immense église Notre-Dame de Paris, devenue trop petite ce jour-là, et a prononcé un discours également digne de la mémoire du grand homme qui en était l'objet et de l'attention des auditeurs d'élite qui s'étaient empressés de l'entendre. Un des fils d'O'Connell, invité à cette cérémonie, était venu tout exprès pour y assister. Les divers fragments que nous avons précédemment cités de cette oraison funèbre, ainsi que de celle prononcée par le P. Ventura, les font mieux connaître que tous les éloges que nous en pourrions faire.

X

Quelques mots sur la vie privée d'O'Connell.

Quelques mots sur la vie privée d'O'Connell.

La contrée sauvage du Kerry, où est située Darrynane-Abbey, se distingue des autres contrées de l'Irlande par la beauté de son site, hérissé de rochers et coupé de gorges profondes. Darrynane, demeure d'O'Connell, a plutôt l'aspect d'une maison commode et spacieuse que d'un château. Considérant le rang et la célébrité du libérateur de l'Irlande, et l'hospitalité que sa position et sa bonté le mettent dans le cas d'exercer, on est surpris de la simplicité de cette demeure. Darrynane est une maison convenable pour un propriétaire aisé, rien de plus; elle est d'une construction irrégulière, et il est évident

9

qu'elle a été agrandie peu à peu selon que
les circonstances l'exigeaient, et non bâtie
d'après un plan unique et déterminé.

La cour d'honneur est comprise entre
deux corps de logis en saillie et dépendant
du bâtiment principal. La partie de la maison formée par l'aile droite est consacrée
aux détails intimes du ménage ; et, par cette
raison, les étrangers y sont rarement admis. A côté se trouve une petite chapelle
qu'O'Connell a fait construire. L'aile gauche
a deux étages : au rez-de-chaussée est le
cabinet de travail d'O'Connell, au-dessus
duquel se trouve la bibliothèque, dont les
fenêtres s'ouvrent sur l'Océan. On entre d'a-
bord dans ce bâtiment par une petite pièce
s'ouvrant sur un grand vestibule qui commu-
nique, au moyen d'un large escalier, aux appartements du premier étage. C'est là que se
trouve le salon de réception, grande et belle
pièce qui aboutit d'un côté à la bibliothèque
et de l'autre à la salle à manger. Dans une
autre partie de l'étage principal, un long pas-
sage conduit à une suite de chambres qui,

pour la plupart, sont destinées à recevoir les
étrangers. On se tient habituellement dans
le grand salon, la bibliothèque et la salle à
manger ; ces appartements sont spacieux ,
gais, et meublés avec beaucoup de goût ;
quelques portraits de famille et quelques
belles tentures en ornent les murs ; mais du
reste ce luxe est très-simple et n'a rien de
pompeux ; on sent qu'on se trouve dans l'habitation d'un homme qui se recommande à
l'admiration autrement que par la magnificence des appartements et par le luxe des
tapisseries.

Où pourrait-on trouver de plus admirables
points de vue qu'à Darrynane ? Au milieu du
parc, l'œil découvre, au delà des prairies
d'un vert tendre, la mer qui s'étend devant
l'habitation en forme de baie, entourée par
les rochers élevés de Lambhaed. Plus loin, en
levant les yeux, on découvre la crête escar-
pée d'un long promontoire qui sépare la ri-
vière de Kenmare de Bautry-Bay. A l'ouest,
l'œil peut suivre la côte qu'on nomme Abbey-
Island (île de l'Abbaye) et qui s'étend au

loin dans la mer ; on l'appelle île parce que
à la marée haute, cette côte est habituellement séparée de la terre ferme ; mais à
la marée basse, on peut y communiquer au
moyen d'un étroit sentier tracé dans le sable.
Dans un enfoncement intérieur de la baie,
à l'endroit où Abbey–Island se joint à la
terre ferme, on voit des ruines de l'ancienne
abbaye de Darrynane, C'est de là que vient
le nom de Darrynane–Abbey donné à l'habitation d'O'Connell. Un peu plus loin, mais
dans la même direction, on aperçoit deux
rochers élevés, deux îlots, nommés Searif
et Dinish, qui lèvent au-dessus des flots
leurs têtes fières et hardies. Telle est la
vue de Darrynane du côté de la mer ; lorsque
la tempête soulève des hautes lames de l'O-
céan, que leur écume blanchâtre jaillit sur
les rochers qui surgissent de toutes parts et
qu'elles viennent se briser contre les anfrac-
tuosités de la côte, on est alors témoin d'un
spectacle d'une grandeur sauvage qu'on re-
trouve rarement ailleurs.

Si maintenant on se retourne, et que l'on

jette un coup d'œil du côté opposé, c'est-à-
dire vers l'est et le nord, on croirait être
dans un pays primitif. Une chaîne de montagnes assez élevées borne l'horizon, et à leurs
pieds se trouve une petite vallée complète-
ment abritée contre le souffle des vents du
nord, les arbres et les plantes y ont une fraîcheur extraordinaire, et l'air y est si doux
que le fuchsia et l'hydrangea y viennent en
pleine terre et y produisent des fleurs de la
plus grande beauté.

L'habitation d'O'Connell est bâtie dans une
position assez élevée pour dominer la mer et
la ceinture de rochers escarpés qui entoure
cette petite vallée. La maison est couverte en
zinc, et les murs sont soutenus jusqu'au
faîte par de larges piliers de pierres grises.
Les attaques des éléments rendent sans con-
tredit cette précaution nécessaire, car elle est
exposée à l'action des vents, et lorsque la
mer est grosse, l'écume de l'eau salée vient se
briser à ses pieds. Au nord se trouvent le
jardin, les bâtiments d'exploitation et les lo-
gements des domestiques. Le parc est très-

vaste. A l'entrée se trouve un charmant par-
terre, émaillé des fleurs les plus rares ; çà et
là on découvre des ruches d'abeilles, et sous
un dais de coquillages bizarrement arrangés
jaillit en murmurant un jet d'eau qui sert à
entretenir une agréable fraîcheur. Un peu
plus loin dans l'intérieur, on découvre des
allées magnifiques, sur lesquelles de beaux
arbres étendent leurs ombrages, et, à moitié
cachés aux regards, des rochers qui forment
une ceinture naturelle à ce parc. On arrive
ensuite à un joli verger, situé au centre de la
vallée, et, en montant quelques degrés, on
parvient à une petite plate-forme où des sié-
ges sont disposés sous un berceau de feuillage.
Sur une éminence, formée par la saillie d'un
rocher, on a bâti un pavillon d'été d'où l'on
jouit à la fois, et sans obstacle, du coup
d'œil de la mer et de la terre environnantes.
Un second chemin conduit de ce pavillon aux
pieds des montagnes où se trouve un simple
bosquet que l'oncle d'O'Connell affectionnait
beaucoup. Ce vieux seigneur, doué d'une
grande force physique ainsi que des plus

hautes qualités morales, devint aveugle peu
de temps avant sa mort. Il aimait à s'asseoir
à cette place, d'où, sous le frais abri des
arbres et des rochers, il pouvait entendre
dans le lointain les mugissements de la mer.
Ce bruit, plein de majesté, semblait animer
la scène qui l'environnait et lui retracer le
tableau de sa vie passée.

Son esprit ferme et solide ne connut pas la
crainte de la mort. Un jour qu'il était resté
longtemps absorbé dans ses pensées, il dit
à son neveu : « Daniel, j'ai une grâce à te
demander.

— Laquelle, mon oncle ?

— C'est de mesurer la circonférence de
cet arbre. »

Daniel fit ce qu'il désirait et lui rendit
compte du nombre de pieds.

« C'est cela, dit-il, je pensais bien qu'il
devait avoir cette dimension. La grâce que je
te demande maintenant, Daniel, c'est de
faire abattre cet arbre.

— Pourquoi donc, mon oncle ? ce frêne
paraissait vous faire tant de plaisir !

— Oui, oui ; mais je désire maintenant qu'il soit abattu.

— C'est bien, il le sera, mais ma permission n'était pas nécessaire pour cela.

— Si fait, Daniel, car dès à présent ces lieux t'appartiennent, et je ne veux toucher à rien sans t'en prévenir. Je te remercie de permettre que cet arbre soit abattu, et je vais te dire dans quel but : j'attends depuis longtemps qu'il soit parvenu à cette grosseur, afin de pouvoir m'en faire faire un cercueil. »

On envoya chercher le charpentier.

« Ah, c'est vous, maître, lui dit Maurice quand il fut arrivé. Je désire que vous abattiez ce frêne pour m'en faire un cercueil. Quelle longueur pensez-vous qu'il faudra lui donner ? »

Le charpentier mesura de l'œil la noble stature du vieillard, et répondit après un moment de réflexion :

« Sept pieds.

— Sept pieds ! comment cela, maître ? je n'ai que six pieds trois pouces.... je sais, à la vérité, que la mort allonge un peu le corps ; mais sept pieds, c'est proportionné à un géant ; mettez six pieds cinq pouces. »

L'arbre fut scié et le cercueil construit d'après les prescriptions du vieillard.

Comment l'âme d'O'Connel ne se serait-elle pas fortement trempée à une telle école ?

Les plantations qui entourent la maison sont d'une étendue considérable, et leur verdeur offre une vue agréable qui contraste d'une manière frappante avec la nudité des environs et l'aspect sévère des montagnes. Elles sont, au reste, encore jeunes et en grande partie plantées par Daniel lui-même. Les prairies, entre le parc et la mer, offrent pareillement le charmant coup d'œil d'une promenade superbe. C'est là que se réunissent, les dimanches et les jours de fêtes, les paysans des environs pour jouer à la balle ou pour d'autres divertissements. Le libérateur et sa famille égaient souvent ees jeux champêtres de leur présence.

O'Connell avait une prédilection toute particulière pour la nature sauvage de son pays, et il aimait, comme nous l'avons dit, la

chasse avec passion. Sa meute, composée
de chiens de pure race irlandaise, était
citée dans toute l'Europe. O'Connell ne quittait l'agitation de la vie publique que pour
se livrer à l'ardeur de la chasse ; ce qui n'a
pas peu contribué à développer et à entretenir la force extraordinaire dont il était
doué et qui lui a donné le pouvoir de lutter
pendant près d'un demi-siècle contre les
ennemis sans nombre de son pays. Le temps
n'avait en rien affaibli son ardeur, et, si
l'on venait à parler devant lui de la beauté
sauvage des montagnes du Kerry, ou s'il
entendait les aboiements de ses chiens, l'esprit irlandais se réveillait subitement en lui,
et dans l'arène où il combattait pour l'indépendance nationale, aussi bien qu'à la
chasse, il montrait une activité et un courage inépuisables [1].

Nulle part O'Connell ne se montrait plus
aimable qu'au milieu de sa famille ; com-

[1] Ces détails sont extraits de la Relation d'un voyage
fait à Darrynane-Abbey, par le docteur A. Shütte, sur
la fin de la vie d'O'Connell.

posée de trente-six personnes, tant enfants
que petits-enfants. Sa libéralité contribuait à
le rendre cher à ses malheureux compatriotes
dont il ressentait si vivement toutes les misères. Irréprochable dans toutes ses relations
privées, toujours fidèle aux devoirs de l'amitié, il se faisait chérir de tous ceux qui l'ont
connu et estimer par tous ceux qui n'avaient
pas intérêt à le haïr. Ses manières affables
désarmaient la malveillance, et les préjugés
de ceux qui l'approchaient s'étaient dissipés
quand ils s'éloignaient de lui. N'est-ce pas
là le cachet des élus de Dieu, de ces hommes
qui ont entraîné tout leur siècle en se ren-
dant maîtres des cœurs aussi bien que des
esprits ? Toujours fidèle dans la pratique des
devoirs religieux, ce grand génie savait s'as-
treindre à la pratique de tous les exercices
de piété, sa foi sincère l'y portait ; et cet
homme si robuste, cet esprit si occupé faisait
un usage habituel d'un ouvrage de saint
Alphonse de Liguori, intitulé *Préparation à
la mort*, il l'avait annoté de sa main. Aussi la
mort ne le surprit pas et le trouva résigné

quand, l'arrêtant au milieu du voyage qu'il
avait entrepris pour aller saluer le Chef de
l'Eglise, l'homme le plus fait pour sympa-
thiser avec lui, elle le priva de cette consolation suprême qui ne devait lui être donnée
que là où toutes les saintes et nobles âmes
doivent un jour se réunir.

FIN

— Lille. Typ. L. Lefort. 1861. —